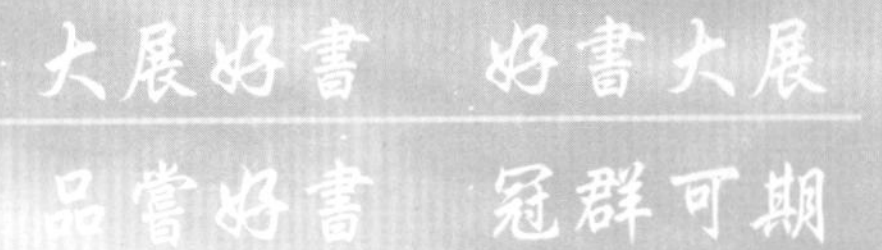
大展好書　好書大展
品嘗好書　冠群可期

大展好書　好書大展

品嘗好書　冠群可期

實用武術技擊 28

詠春拳高級功力訓練

魏峰 編著

大展出版社有限公司

前言

詠春拳是一項被公認的實戰拳學，自創立之初，它的練習與運用便完全著眼於實戰搏擊與生死搏殺。只是到了近代，武術在我國的功能才發生了變化，而逐漸演變成了一種強身、健體或表演的形式，使技擊的功能受到很大的限制。

詠春拳是以其絕佳的實戰功能開始逐步揚威世界，成爲人們自衛與防身的最佳訓練手段之一，同時更有幸成爲了多個國家與地區的軍警必修課目。

詠春拳的特點是基本不需要練習者有大量基本功訓練，對訓練場地、器材也沒有什麼特別要求，最重要的是對練習者無年齡上的限制，只要你懂得了它的力學原理與發力技巧，很容易上手。

由於受表演化的衝擊，以及人們生活節奏的加快，很多詠春拳練習者們忽略了詠春拳的基本功訓練，尤其是其獨具特色的功力訓練。但是練習詠春拳必須具備紮實的功力，通曉科學、先進的拳理，才有可能在最短的時間內取得成效。

拳諺曰：「練武不練功，到老一場空。」這句話同樣適用於詠春拳，詠春拳作爲一門實戰拳學，十分注重實戰功力的訓練，因爲你的技術再好，如果沒有

雄厚的功底作保障，你打在對方身上也是沒有什麼用的。所以，作爲一個詠春拳修習者，要想一招制敵，就必須在科學原理的指導下，苦練基本功。只有擁有過人的打擊爆發力，並把關節磨練到「武器化」的程度，才可使你的技、戰術水準得到更好的發揮，否則便如沙灘上的樓閣一般，始終無法邁入武術中高層次的殿堂。

綜上所述，功力是技術得以發揮的充分保障，而技術則又是功力得以展示的平臺，兩者是相輔相成，缺一不可的。

本書所講述的練習方法如果與各位詠春拳師傅的練法不同的話，就權當拋磚引玉，希望能有更多的前輩奉獻出更多、更好的技術和方法來，如此何愁中國武術不揚威世界。

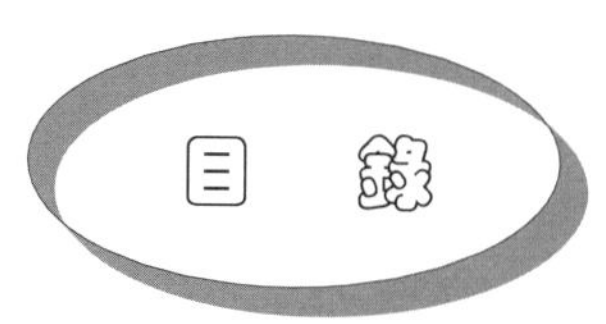

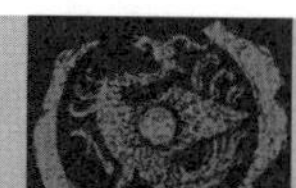

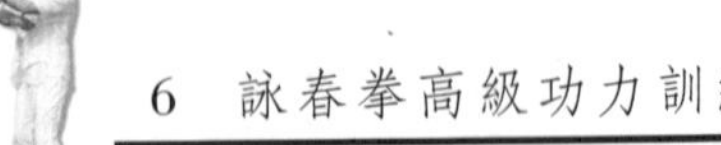

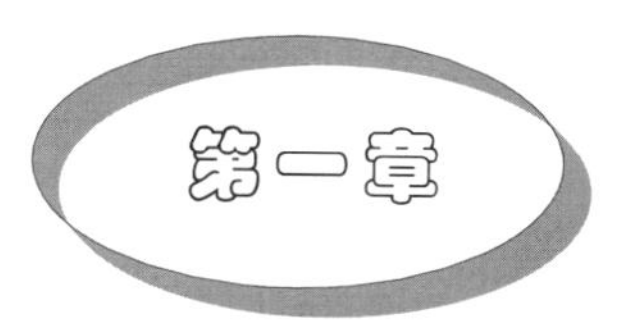

詠春拳拳功訓練

詠春拳是一種以上肢搏擊技術為主的格鬥型武術，更是一種近戰型武術，因此，它極為注重拳頭硬度的訓練，因為在正常的打鬥中，無論格鬥雙方有沒有練過武術，通常向對方攻出的第一件武器便是拳頭，這也是人類最為原始的本能化格鬥武器。如果拳頭再經過專業訓練，逐步增加其硬度與殺傷力的話，足可以使其變成無堅不摧的最為重要的攻擊武器。

作為一個拳手，無論是練習傳統武術還是現代搏擊項目，如果拳頭不夠硬，那麼就只有挨打的份兒。詠春拳作為以實戰而著稱的拳術，必須注重實戰功力的訓練，只是由於現在人們練武是以健身為主，可能淡化了詠春拳特有的技擊實力，這不能不說是一種遺憾。當然，詠春拳拳頭上的功力訓練方法同它的技術體系一樣，也是極為簡便而易練的，任何人只要用心練習，都可以使功力大增。

詠春拳的拳功訓練大體上可以分為以下幾個步驟，即基本技術練習、擊打牆靶練習、擊打沙包練習、擊打活靶練習與輔助訓練，現分別詳細講解如下。

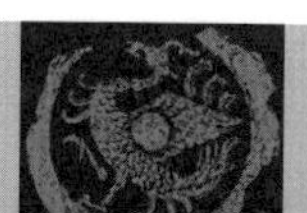

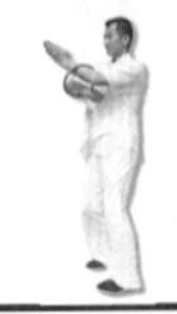

第一節　詠春拳拳功基本技術訓練

本訓練步驟的目的是掌握正確的動作，並形成正確地動作定型，養成良好的動作習慣。

一、單拳練習

(一)右拳練習

【動作要領】

由正身「擺樁」開始，目視前方，雙拳放於胸前，自然呼吸（圖 1–1–1）；

先將右拳移向人體中間的中心線，但此時身體不要動（圖 1–1–2）；

以肘部發力將右拳沿中心線放鬆地向正前方打出（圖 1–1–3）；

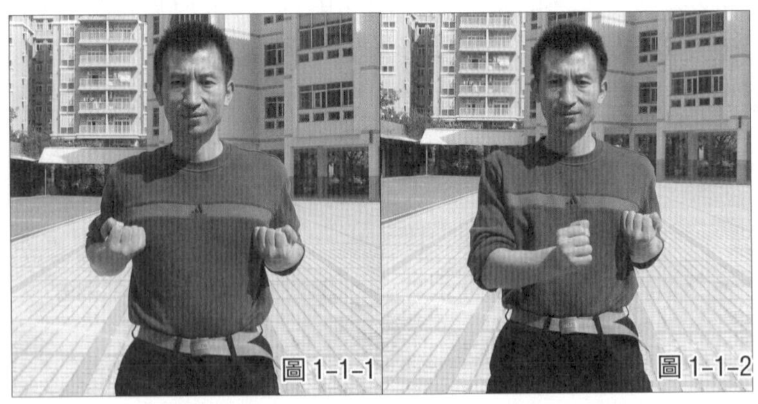

圖 1-1-1　圖 1-1-2

圖 1-1-3　圖 1-1-4

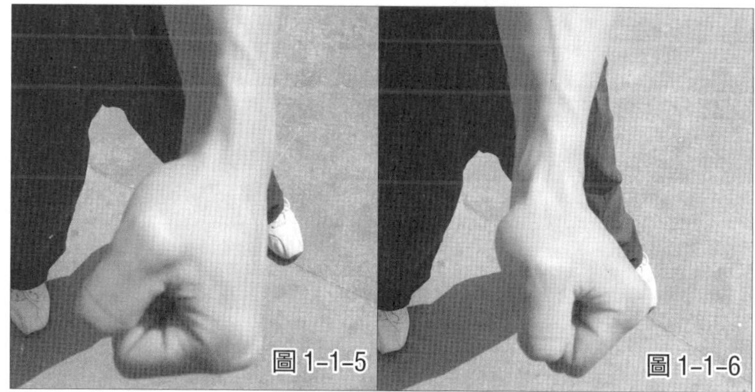
圖 1-1-5　圖 1-1-6

直至將手臂向前方完全打直的瞬間，才將拳力果斷發出，此時即成為詠春拳中特有的日字沖拳（圖 1–1–4）。

【注意】

拳頭打出時，手腕須直（圖 1–1–5），以利於勁力的有效釋放；如果當你的拳頭打出時手腕是彎曲的狀態的話，不但打在對方身上無足夠的殺傷力，而且還可能會挫傷自己的手腕（圖 1–1–6）。

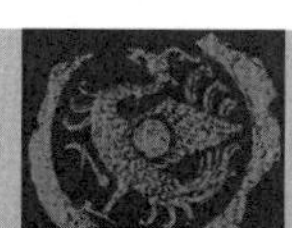

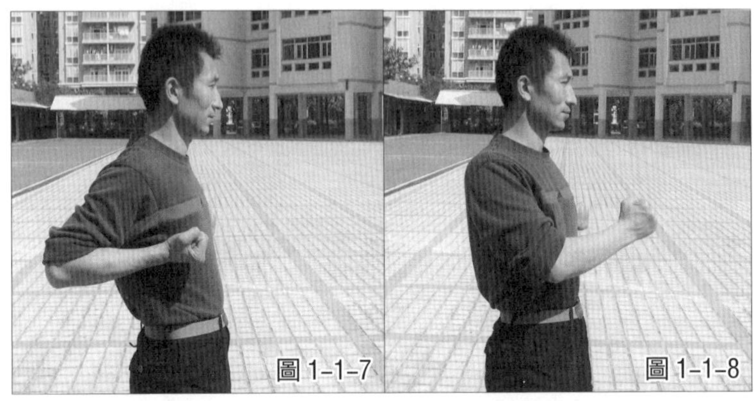

圖 1-1-7 圖 1-1-8

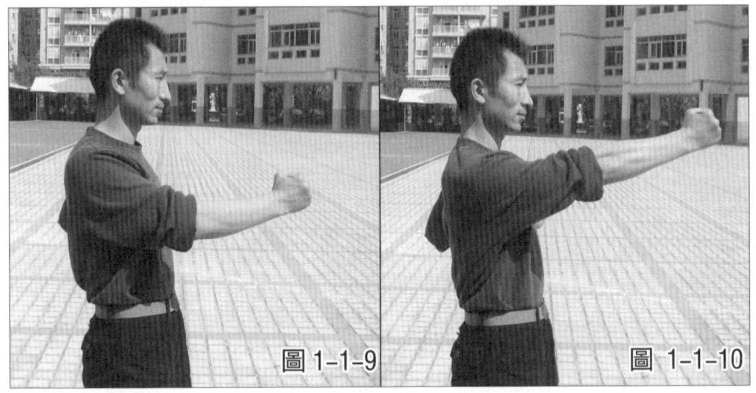

圖 1-1-9 圖 1-1-10

（圖 1-1-7～10）為右日字沖拳的側面示範。

【動作要求】

1. 此時全身放鬆，以肘部發力，並且將右臂打直後再收回，以便將本門特有的震盪力充分釋放出來。但是很多人是在手臂尚彎曲的狀態下就將臂收了回來，這就影響了詠春拳特有的勁力的有效發揮。

2. 右拳打出時，肩部不可有向前伸出或向前推動的動作。

3. 拳頭須放鬆地打出，如果是在肌肉太僵硬的情況下出拳，必會導致束力，也就是將勁力束縛在肩上或手臂上，而無法完全發放並傳導於拳面上。

4. 在體會用力的同時，還需遵守「守中用中」的原則，並在手臂打直的瞬間進行呼氣配合。

【訓練量】

每 10 拳為一組，連續打 3～6 組，組與組之間休息 30 秒鐘～1 分鐘。

(二)左拳練習

【動作要領】

由正身的擺樁開始，雙拳放於胸前，目視前方（圖 1-1-11）；

邊將左拳移向人體的中心線，邊向前方打出（圖 1-1-12）；

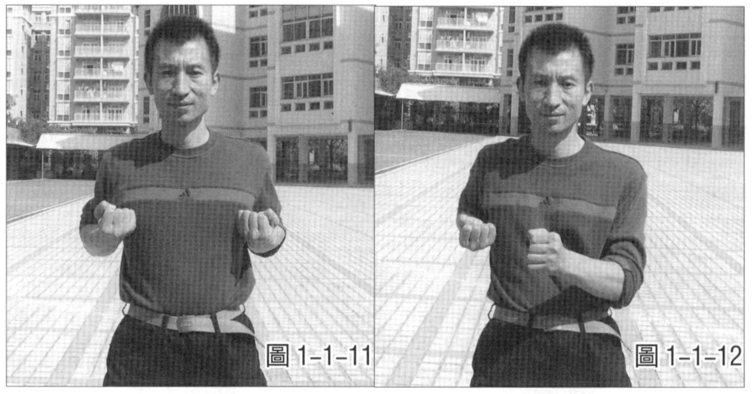

圖 1-1-11　圖 1-1-12

將左拳徑直向正前方果斷打出，但此時身體不可隨之轉動（圖 1–1–13）；

直至將手臂完全打直為止，此時即成為左手日字沖拳（圖 1–1–14）。

（圖 1–1–15～18）為左日字沖拳的側面示範。

【動作要求】

左日字沖拳的動作要求與上面的右拳練習要求相同。

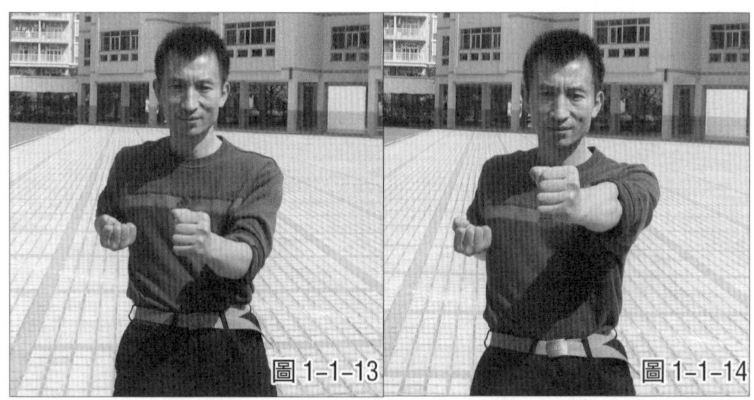

圖 1-1-13　圖 1-1-14

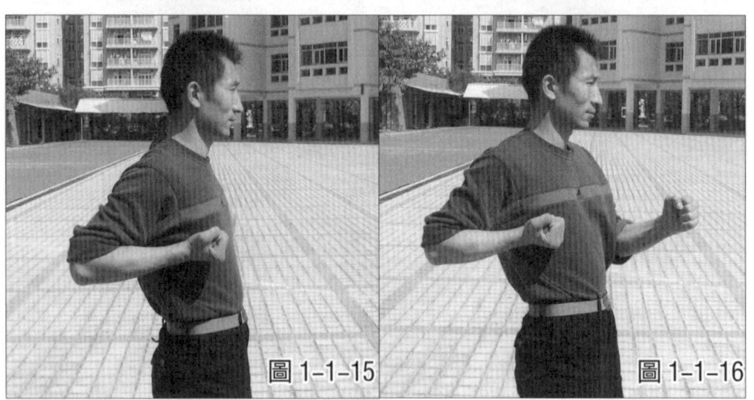

圖 1-1-15　圖 1-1-16

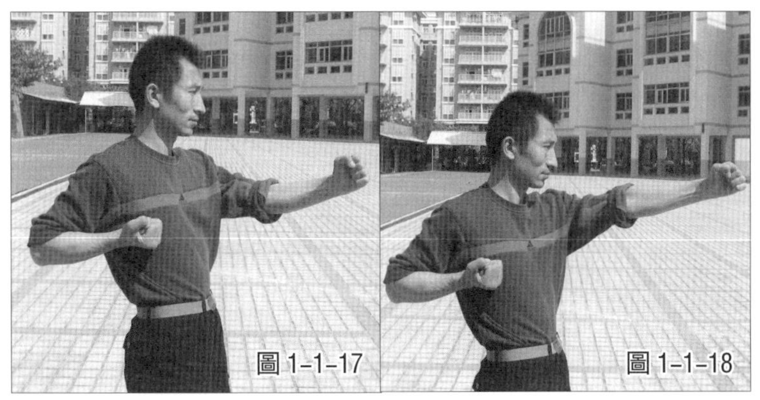

圖 1-1-17　圖 1-1-18

【訓練量】

每 10 拳為 1 組，連續打 3～6 組，組與組之間休息 30 秒鐘～1 分鐘。具體練習時，也可以先打右拳 1 組，再打左拳 1 組，然後又是右拳 1 組，循環進行訓練。

二、連環拳練習

眾所周知，連環拳是詠春拳中最重要的訓練手段和攻擊手段之一，所以應加以強化訓練，使之成為最犀利的攻擊武器。練習時須時刻謹記「守中用中」與「不動肩」要則，我們之所以要反覆強調打擊中線，是因為對手的大多數身體要害部位都集中於人體的中線上。

【動作要領】

以詠春拳的正身二字箝羊馬站好（圖 1-2-1）。

先將右拳歸中，此時身體不動（圖 1-2-2）；

將右拳沿中線向正前方打出（圖 1-2-3）；

將右拳向前打到「臂直」狀態為止，此時須呼氣進行

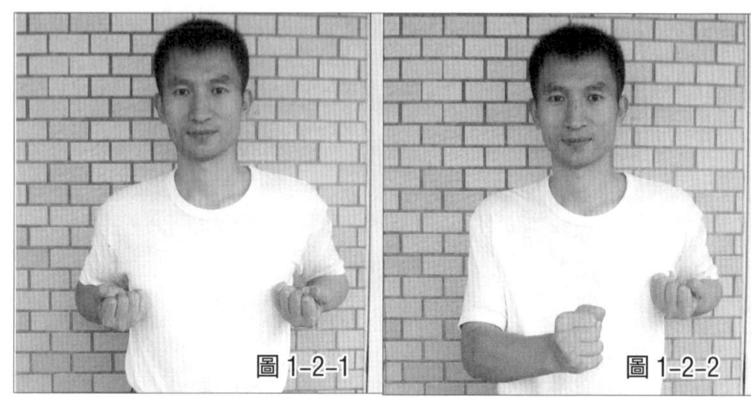
圖 1-2-1　圖 1-2-2

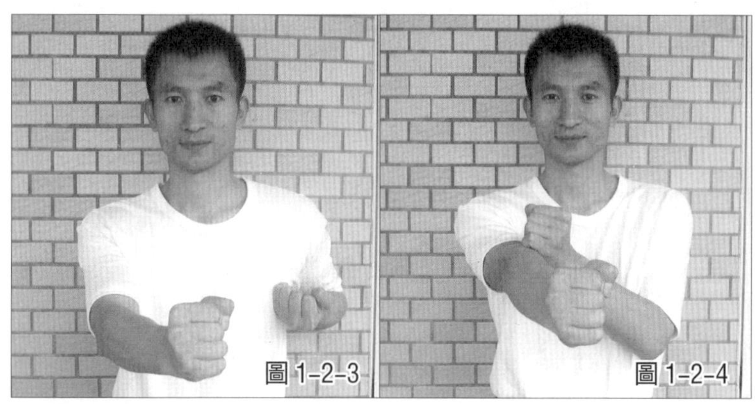
圖 1-2-3　圖 1-2-4

配合（圖 1-2-4）。

接下來，在右拳打完後回收的同時，將左拳從右拳的上側沿中線向前打出（圖 1-2-5）；

左拳須自然地向正前方打出（圖 1-2-6）；

直至將左臂向前打直為止，此時須將右拳守護於左肘關節處（圖 1-2-7）；

隨之，在左拳打完後回收時，再將右拳從左拳上方果斷打出（圖 1-2-8）；

圖 1-2-5

圖 1-2-6

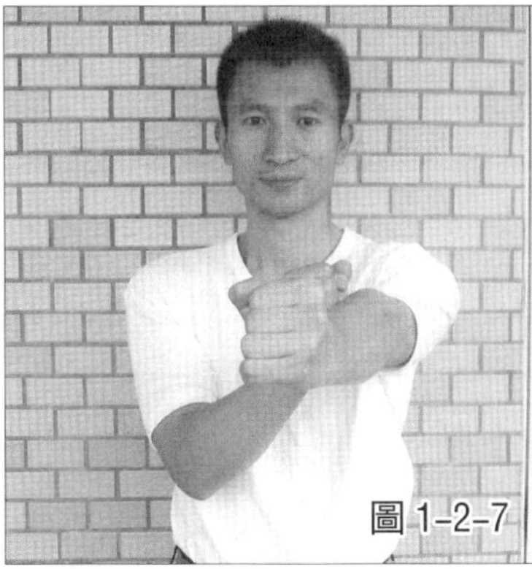

圖 1-2-7

圖 1-2-8

右臂須沿中線向前打出（圖 1-2-9）；

圖 1-2-9

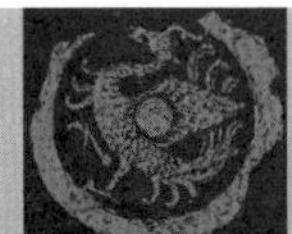

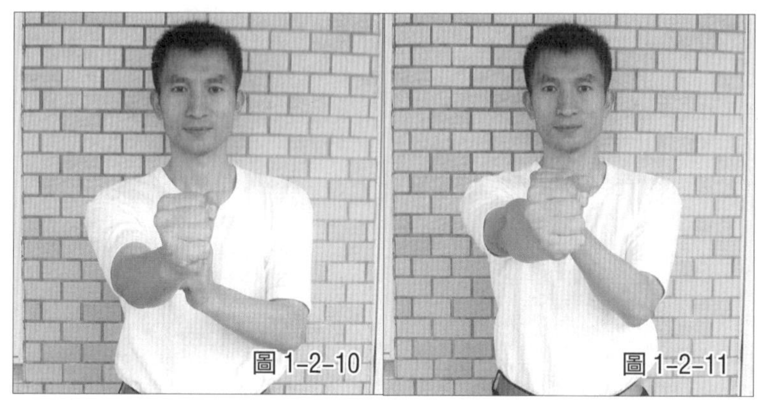
圖 1-2-10　圖 1-2-11

右拳向正前方快速打擊時身體不可晃動（圖 1-2-10）；直至將右臂向前打直為止（圖 1-2-11）。

【注意】

以上是典型的三拳連擊組合，你也可以根據自己的實際情況去打五拳連擊或是七拳連擊，但要靈活掌握。

（圖 1-2-12～21）為連環拳動作的側面示範。剛開始練習時用力要輕，要循序漸進，不可急於求成。

圖 1-2-12　圖 1-2-13

圖1-2-14　圖1-2-15

圖1-2-16　圖1-2-17

圖1-2-18　圖1-2-19

圖 1-2-20　圖 1-2-21

【動作要求】

1. 要細心體會寸勁的運用。

2. 出拳時身體不要隨之擺動，以免破壞寸勁的運用。

3. 每一拳均是從自己的手腕上方打出，這樣既可防止對方搶佔我的「中線」，同時又可佔據對方的中線，正所謂守中用中。

4. 由於兩點之間直線最短，所以每一拳均沿最直接的路徑去果斷打擊目標，或者說搶先擊中對手。

5. 無論哪一拳打出時，另一拳均須守護於攻出臂的肘關節處，即所謂攻守合一，以嚴密屏護住自己的正面要害。

【訓練量】

你可設定每打完 3 拳為一個完整的動作，並連續打 3～5 個完整的動作為 1 組，連續打 3～6 組。

第二節　詠春拳拳功擊打牆靶訓練

在詠春拳中，打擊掛（或者釘）在牆壁上的牆靶（或

沙包）的用處，是用來最大限度地磨練你的拳頭硬度和殺傷力，特別是那種縱深性的穿透能力。牆靶可以是方的，也可以是圓的，這都沒有關係，最重要的是你必須進行這種不可替代的練習。因為牆靶可將你的打擊潛力發揮至極限，原因是當你集中精力去擊打牆壁靶時，你的打擊力並非只是擊打牆壁靶本身，而是透過牆壁靶將力量作用在牆壁上。

在循序漸進的基礎上，可逐步將訓練靶裏面的沙子換成鐵沙進行強化練習，用來逐步磨練拳頭的高度破壞力，進而使你的拳頭具備一擊必殺和一招制敵的能力（如沒有牆壁靶或沙包，可以用千層紙（或一疊報紙）釘在牆上代替）。

圖 1-3-1

一、單拳打擊練習

主要是以右、左拳的單式動作去進行反覆的打擊訓練，從而首先熟練掌握正確的動作定型，然後再去慢慢挖掘拳頭上的殺傷力度。

(一)右拳練習

【動作要領】

而對牆壁靶以二字箝羊馬站好（圖 1–3–1），目視正前方（圖 1–3–2）；

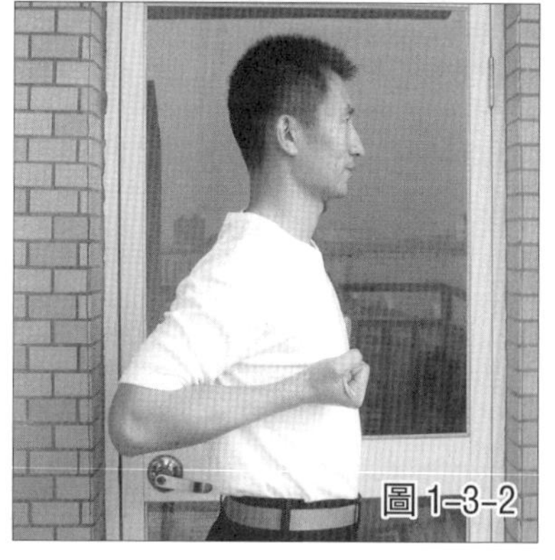

圖 1-3-2

隨後，在呼氣的同時，將右拳由中線果斷打出（圖 1-3-3）；

使右拳沿直線徑直向正前方打出（圖 1-3-4）；

右拳準確地擊中了牆壁靶的中央部位（圖 1-3-5）。

（圖 1-3-6）為右拳擊中牆靶時的正面示範。

【動作要求】

1. 出拳時身體不要擺動，以免影響短距離寸勁的有效發揮。

圖 1-3-3　圖 1-3-4

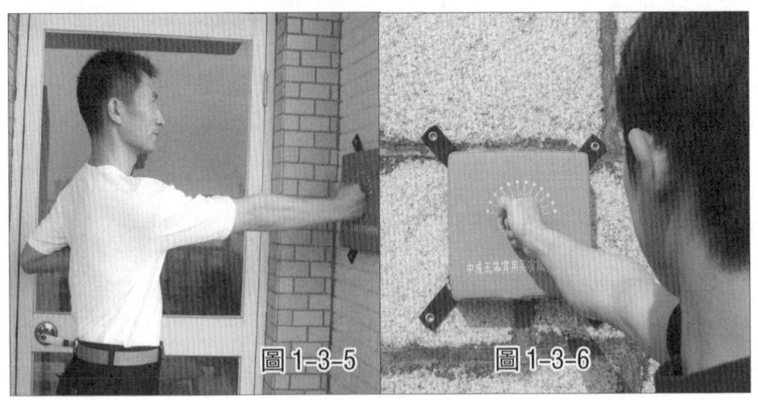

圖 1-3-5　圖 1-3-6

2. 要配合呼氣去出拳，基本的呼吸準則是打呼、收（拳）吸。

3. 打拳時身體不要僵硬，以免影響短距離爆炸力的運用。

【訓練量】

每 10 拳為 1 組，連續打 3～6 組，組與組之間休息 1 分鐘。

(二)左拳練習

【動作要領】

面對牆壁靶以二字箝羊馬站好，目視正前方（圖 1-3-7）；

隨後，在呼氣的同時，將左拳由中線果斷向前方打出（圖 1-3-8）；

此時須發揮肘底力去擊打牆靶的中心位置（圖 1-3-9）；

將左拳向前打至臂直狀態為止，並使拳頭準確地擊中

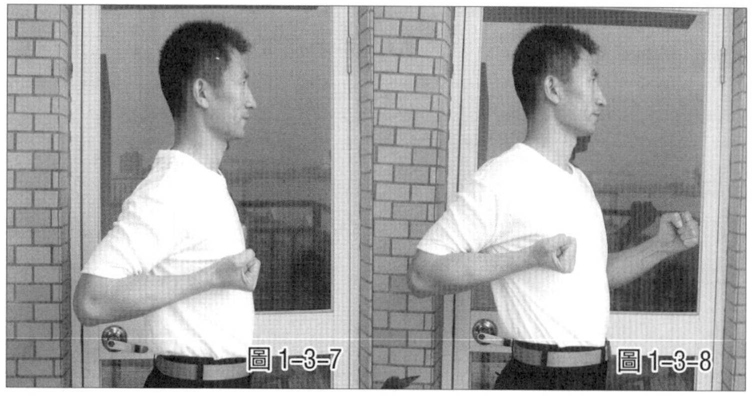

圖 1-3-7　圖 1-3-8

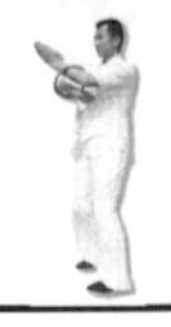

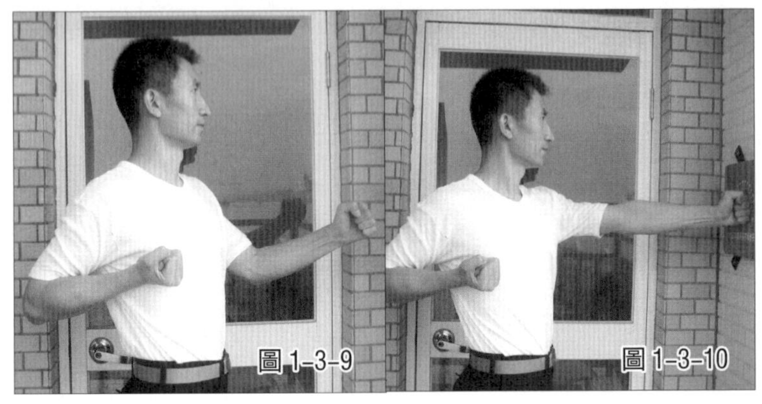
圖 1-3-9　圖 1-3-10

了牆壁靶的中央部位（圖 1-3-10）。

【動作要求】

1. 出拳打擊時身體不可晃動，以免影響詠春拳特有的短距離寸勁的有效發揮與運用。

2. 要配合好呼氣去出拳。

【訓練量】

每 10 拳為 1 組，連續打 3 至 6 組，組與組之間休息 1 分鐘。

二、連環拳打擊牆壁靶練習

在詠春拳中，連環拳打擊主要是利用牆靶來磨練拳面的硬度及摧枯拉朽式的致命連環狠擊，所以是任何詠春拳練習者都須用心苦練的致勝技巧。不刻苦進行連環拳打擊牆靶訓練的拳手，是絕無法真正掌握詠春拳實戰真諦的。

【動作要領】

以二字箝羊馬站好，目視正前方，兩拳置於胸側（圖

1-3-11）。

右拳先歸中，從而使右拳沿胸前中線打出（圖1-3-12）；

將右臂向前打至臂直狀態，將力量果斷、完整地發出（圖1-3-13）；

在右拳打完後回收的同時，再將右拳從左拳上側沿中線打出（圖1-3-14）；

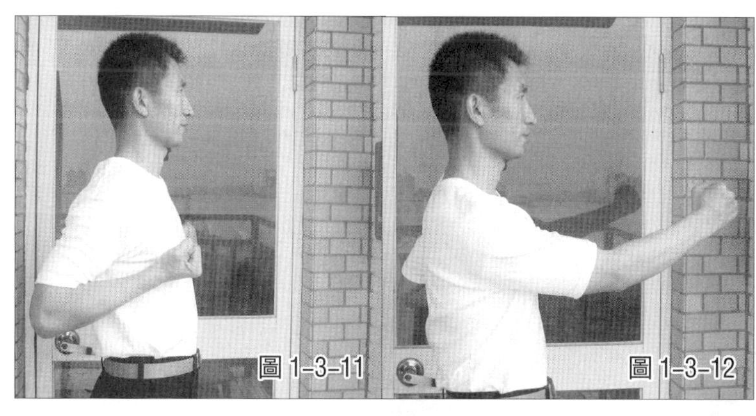

圖1-3-11　圖1-3-12

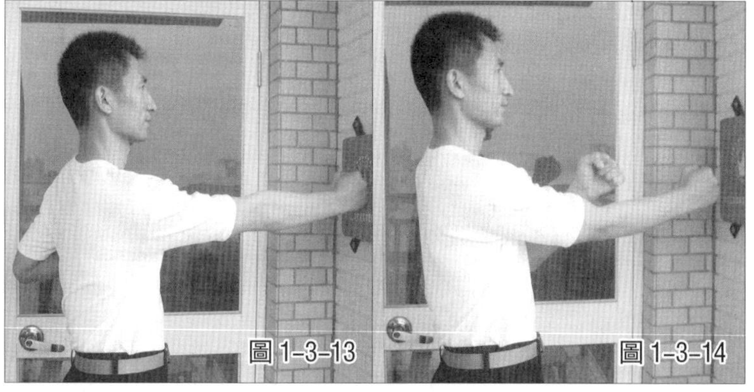

圖1-3-13　圖1-3-14

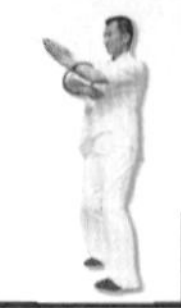

左拳徑直打向正前方的目標（圖 1–3–15）；

左拳準確地擊中了牆靶，此時右拳須護於左肘關節處（圖 1–3–16）；

隨後，在左拳打完後回收時，再將右拳也從左拳上方打出（圖 1–3–17）；

右拳仍須放鬆地沿中線向前方打出（圖 1–3–18）；

直至將右拳向正前方打至臂直狀態為止，此時仍須呼氣進行配合（圖 1–3–19）。

圖 1–3–15

以上為三拳連擊組合，練習者熟練後也可以進行五拳連擊練習。

【動作要求】

1. 剛開始時可用較慢的速度去擊打，慢慢體會動作要領。

2. 要放鬆身體和肢體去擊打，以保持自身應有的靈

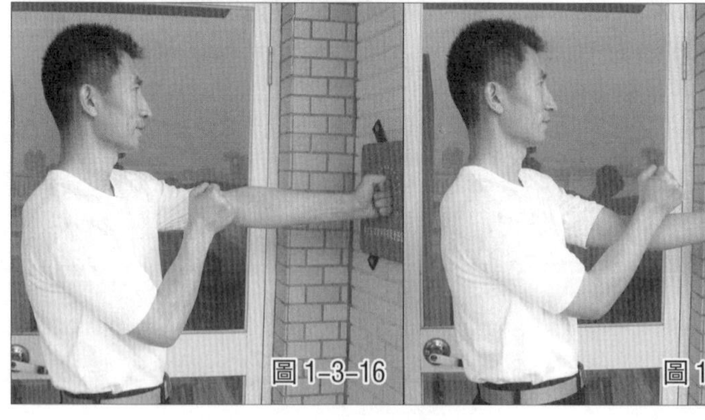
圖 1–3–16　圖 1–3–17

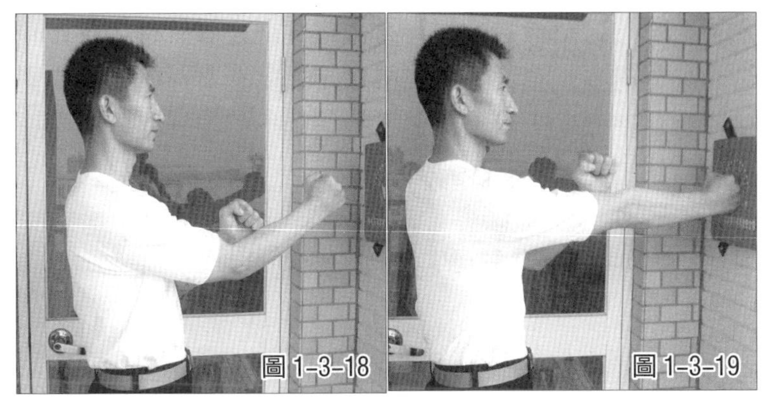

圖 1-3-18　　圖 1-3-19

活性、快速度與爆炸力。

3. 要配合好呼吸去出拳，可以先吸一口氣，然後分 5 次呼完，也就是每打擊一次就呼出一點來。呼氣不僅可以用來增強打擊力量，還可排出體內廢氣，並調整好呼吸，從而在無形之中來增強耐力。

【訓練量】

可視每打 5 拳為一個完整的動作，連續打 3～5 個完整的動作為 1 組，連續打 3 到 6 組。

第三節　詠春拳拳功擊打沙包訓練

有些拳師可能花較多的時間擊打牆壁靶（即牆壁拳擊袋），而有些拳師則擊打懸掛的沙包多一些，其實這都是很好的訓練手段，只不過不同的訓練手段會產生不同的訓練效果。

擊打懸掛式沙包的效果與擊打牆壁靶所產生的效果和作用是有很大區別的，因為擊打牆壁靶固然可以最大限度

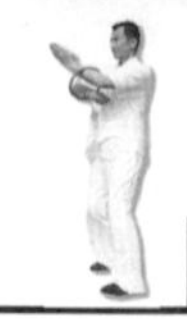

地磨練你的打擊滲透性與穿透效果，但是擊打懸掛式沙包會使你變得更加靈活和更加機動，因為在真正的搏擊中對手不會站在原地不動來與你進行格鬥的。最好是將這兩種訓練方法結合起來進行訓練，方可產生最好的打擊效果。

一、單拳打擊沙包練習

主要是在牆壁靶訓練的基礎上強化其正確的動作定型，進一步磨練拳頭的殺傷威力。

(一)右拳練習

【動作要領】

由正身之二字箝羊馬站好，目視沙包，兩手置於胸側（圖 1-4-1）；

邊將右拳移向身體前面的中線，邊將右拳向前方打出（圖 1-4-2）；

將右拳打出的同時，呼氣進行配合（圖 1-4-3）；

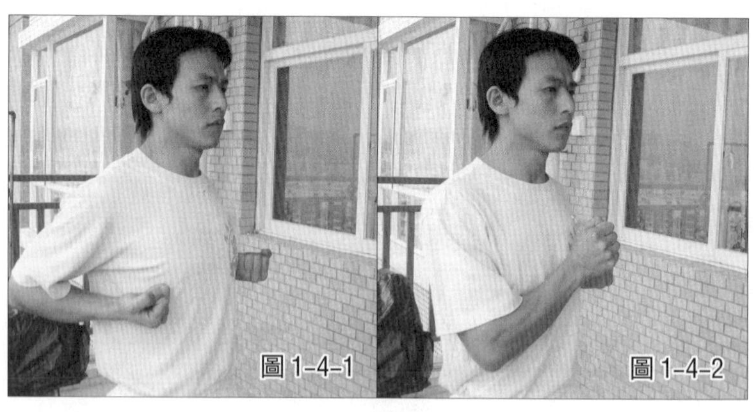

圖 1-4-1　圖 1-4-2

圖 1-4-3　圖 1-4-4

右拳果斷地擊中了沙包的中央部位，打擊的高度約在自己的胸部高度（圖 1–4–4）。

【動作要求】

1. 打擊的動作要果斷、放鬆，以保持出拳的快速與彈性。

2. 打擊的力量不可作用在表面，須滲透到沙包裏面。

3. 要配合呼吸去提高擊打的效果，也就是在擊中目標時呼氣，在打完後回收時吸氣。

4. 要快打快收。

【訓練量】

每 10 拳為 1 組，連續打 3～6 組，組與組之間可休息 30 秒鐘至 1 分鐘。

(二)左拳練習

【動作要領】

以正身二字箝羊馬站好，面對沙包，兩手置於胸側（圖 1–4–5）；

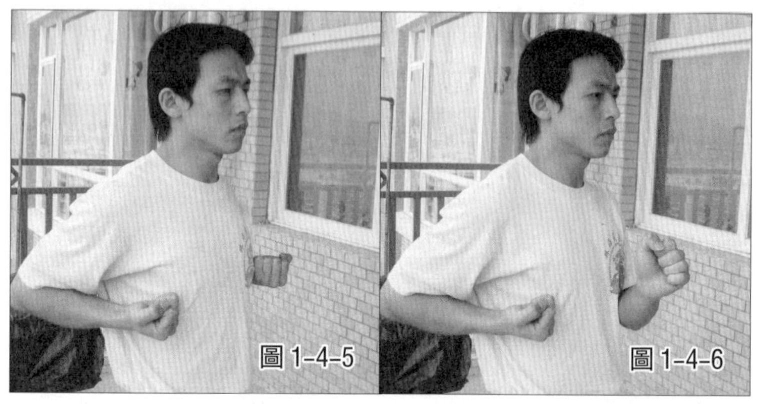

圖 1-4-5 圖 1-4-6

圖 1-4-7 圖 1-4-8

邊將左拳移向身體前面的中線，邊將左拳向前方打出（圖 1-4-6）；

將左拳打出的同時，呼氣進行配合（圖 1-4-7）；

直至將左臂打直為止，並將力量充分發放與作用在沙包上（圖 1-4-8）。

【動作要求】

1. 打擊動作要自然、放鬆而又有彈性，不可拖泥帶水。

2. 打擊的力量須「穿透」沙包。

3. 要配合呼氣去提高擊打的效率與品質。

【訓練量】

每 10 拳為 1 組，連續打 3～6 組，組與組之間休息 1 分鐘。

二、雙拳連擊沙包練習

主要是磨練雙拳的左右快速、連續地攻擊能力。

【動作要領】

面對沙包以二字箝羊馬站好，兩拳置於胸側（圖 1-4-9）；

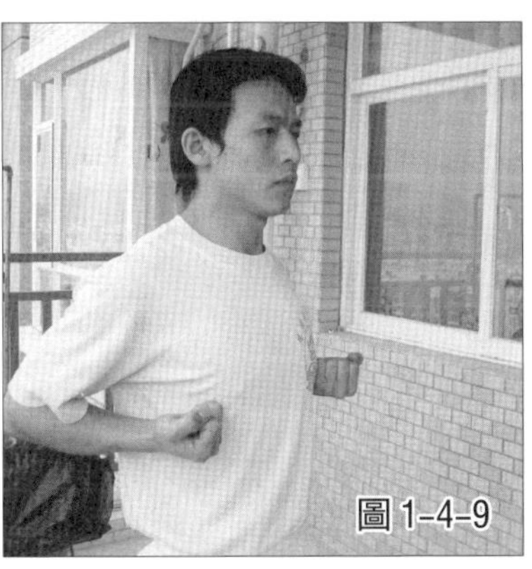

圖 1-4-9

邊將右拳移向身體前面的中線，邊將右拳向前方打出（圖 1-4-10）；

右拳須放鬆地打出（圖 1-4-11）；

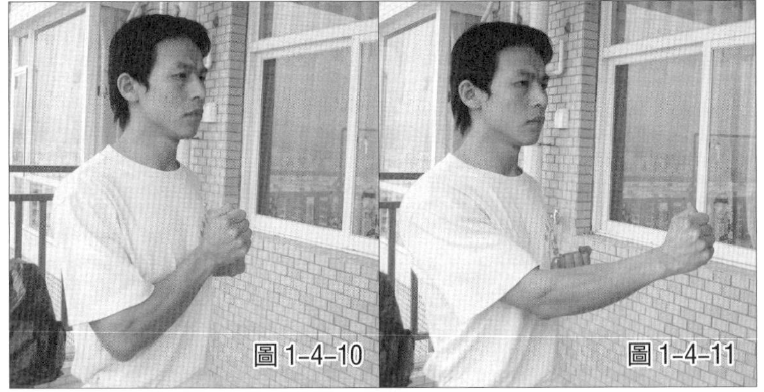

圖 1-4-10　圖 1-4-11

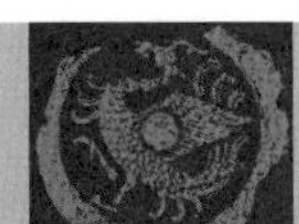

右拳在加速度後擊中了沙包的中央部位（圖1-4-12）；

右拳打完後收回時，將左拳從右拳的上側再沿中線向前方打出（圖1-4-13）；

左拳準確地擊中了沙包的中央部位，此時應與呼氣進行配合，並須將右拳置於左肘關節處進行守護（圖1-4-14）；

隨後，再將右拳從左拳上側沿中線快速向前方打出（圖1-4-15）；

圖1-4-12

右拳準確地擊中了沙包的中央部位，此時可呼氣進行配合，並須將左拳置於右肘關節處進行嚴密的防護（圖1-4-16）。

【動作要求】

1. 打擊動作要連貫、放鬆，要用脆勁去擊打，而不

圖1-4-13　圖1-4-14

圖 1-4-15　圖 1-4-16

是以蠻力去打擊，要重點訓練瞬間爆炸力及彈性。

2. 每一拳均須循中線而出。

【訓練量】

每打 3 拳為一個完整的動作，連續打 3～6 個完整的動作為 1 組，連續打 3～6 組。

第四節　詠春拳拳功下擊沙包（靶）訓練

向下擊打平放在凳子上的沙包或拳靶，可進一步磨練和加強拳頭殺傷力度，而且這些方法近年來在國外運用的比較多，事實證明效果很好。

因為不同的訓練手段會產生不同的訓練效果，所以，本節所介紹的訓練手段除了可強化拳頭上的打擊力度外，對提高現在國際上流行的「無限制格鬥」中的「地戰」（通常是指在地面上的纏鬥技巧）水準的幫助也很大。

一、右拳練習

【動作要領】

以正身二字箝羊馬站好，並將薄沙包平放在面前牢固的長凳上，兩手握拳置於胸側（圖 1-5-1）；

圖 1-5-1

邊將右拳移至中線，邊向下方打出（圖 1-5-2）；

在呼氣的同時將右拳放鬆地向下方直擊（圖 1-5-3）；

右拳乾脆地擊中了沙包的中心位置（圖 1-5-4）。

（圖 1-5-5）為拳頭擊中目標時的近距離示範。

（圖 1-5-6～9）為右拳下擊動作的側面示範。

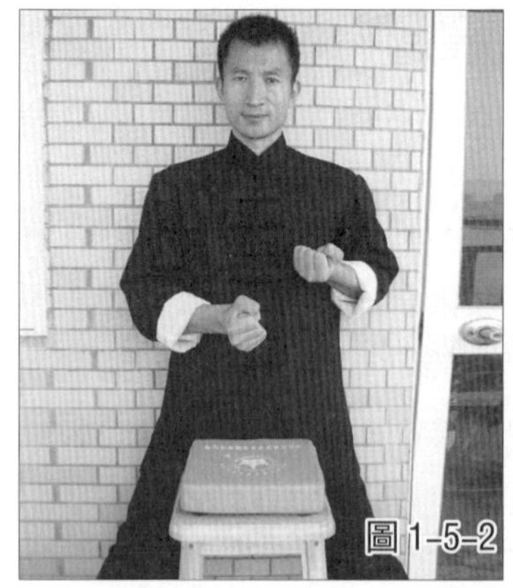
圖 1-5-2

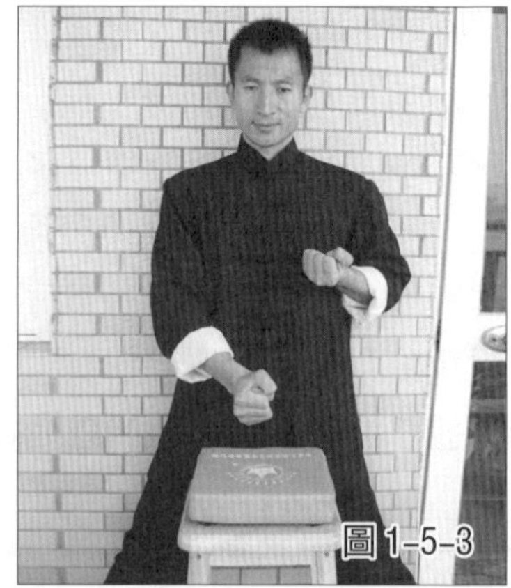
圖 1-5-3

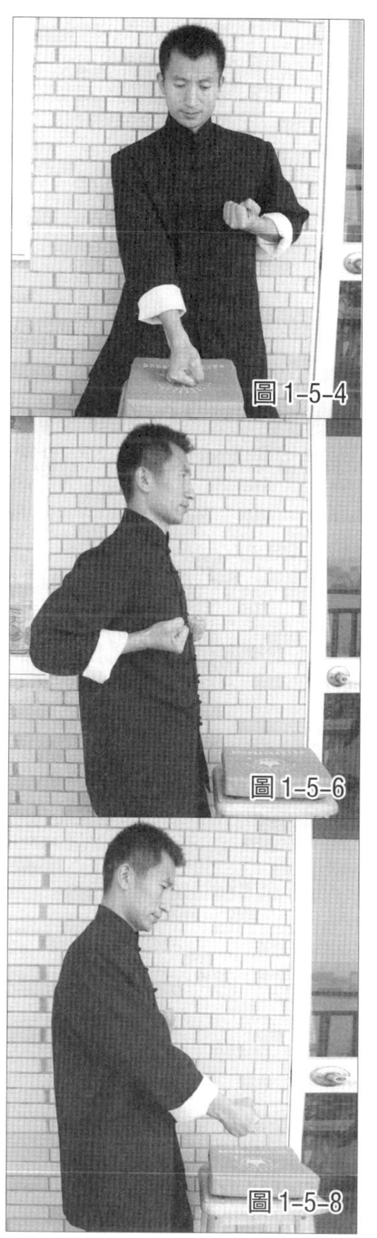

圖1-5-4

圖1-5-6

圖1-5-8

圖1-5-5

圖1-5-7

圖1-5-9

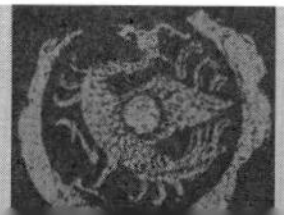

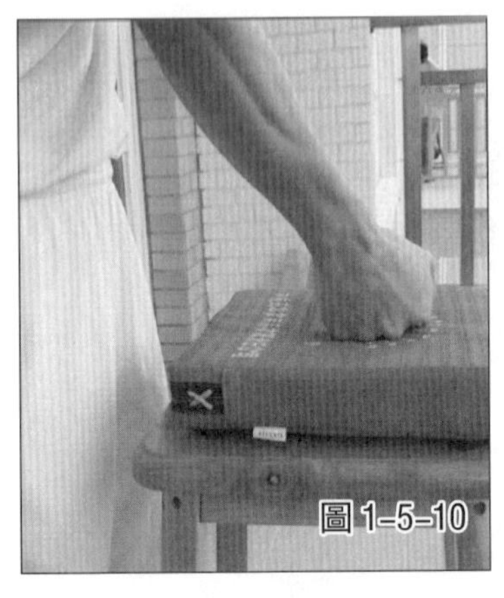
圖 1-5-10

（圖 1-5-10）為拳頭擊中目標時的另一個角度示範。

【動作要求】

1. 打擊動作必須放鬆、乾脆，即必須用瞬間爆炸力去果斷地擊打。

2. 打擊時身體不可隨之晃動，以免破壞本門特有的發力方式。

3. 打擊的力量不可僅作用在訓練靶表面，而必須去「穿透」它。

4. 要配合呼吸去最大限度地提高打擊的效率。

【訓練量】

每 10 拳為 1 組，連續打 4～8 組，組與組之間休息 30 秒鐘～1 分鐘。

二、左拳練習

圖 1-5-11

【動作要領】

以正身二字箝羊馬站好，將沙包平放在面前的長凳上，兩手握拳置於胸側（圖 1-5-11）；

邊將左拳移至中線，邊向下方打出（圖 1-5-12）；

在呼氣的同時，將左拳放

鬆、快速地向下方直擊（圖 1–5–13）；

左拳乾脆地擊中了沙包的中心位置（圖 1–5–14）。

（圖 1–5–15）為左拳擊中目標時的近距離示範。

（圖 1–5–16～19）為左拳下擊時的另一個角度示範。

【動作要求】

1. 左拳打擊動作須放鬆、快速，並用瞬間的爆炸力果

圖 1–5–12

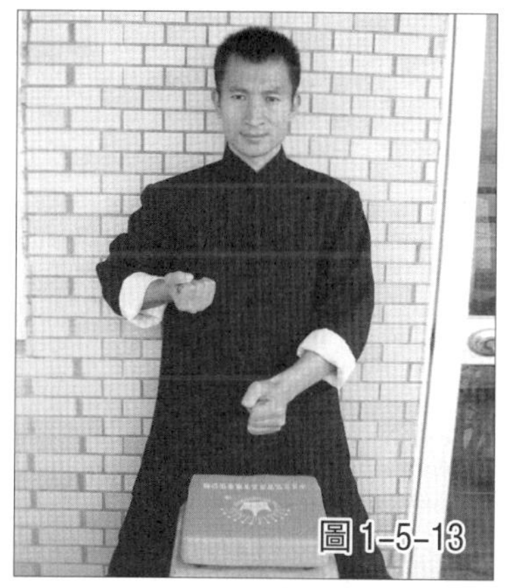
圖 1–5–13

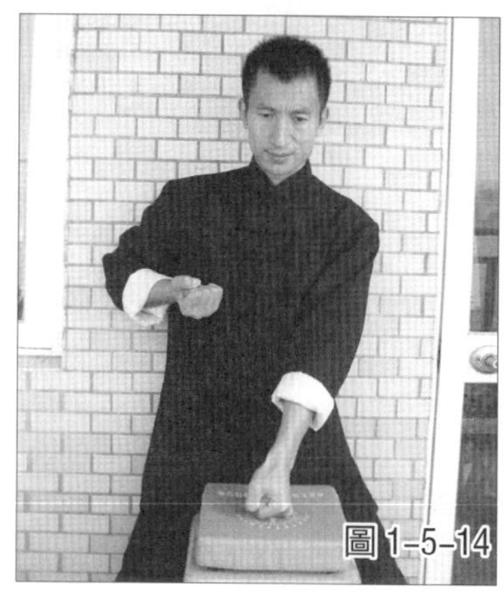
圖 1–5–14

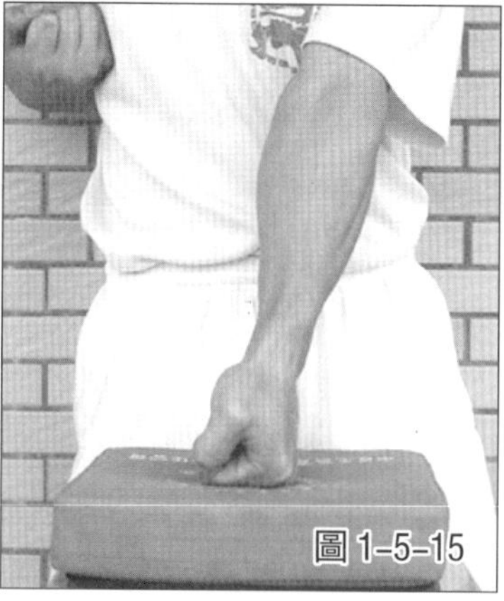
圖 1–5–15

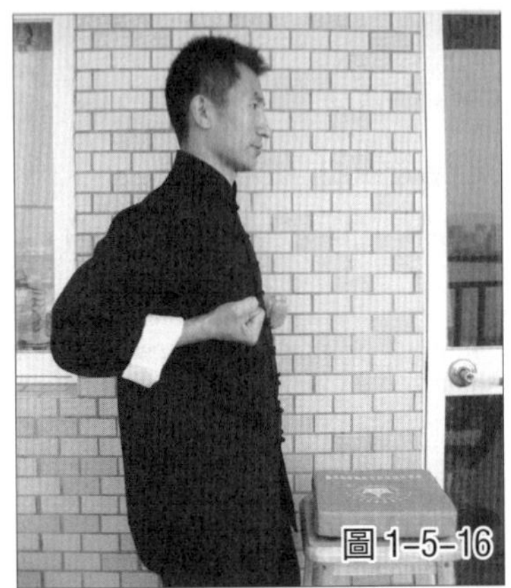
圖 1-5-16

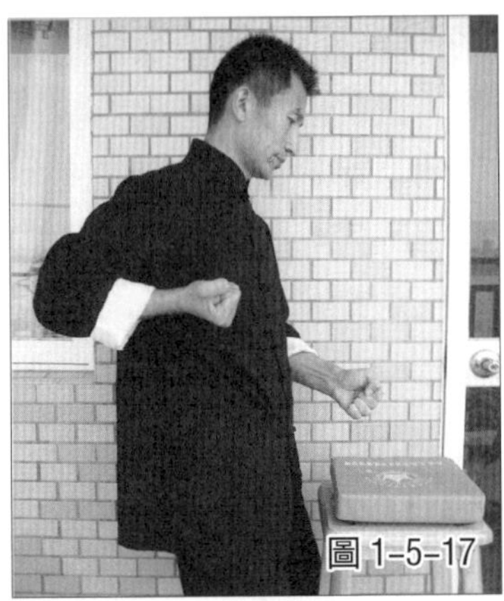
圖 1-5-17

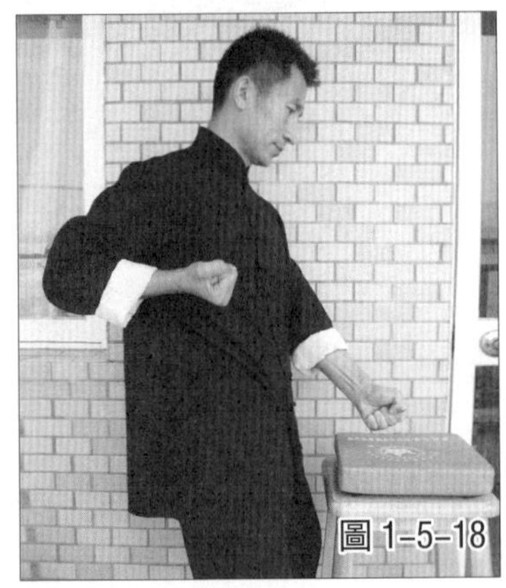
圖 1-5-18

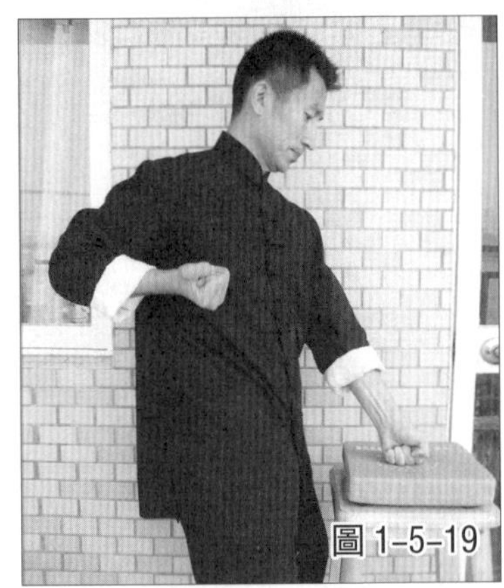
圖 1-5-19

斷地擊打。

2. 打擊的同時，必須與呼氣進行良好的配合，以氣助力。

【訓練量】

每 10 拳為 1 組，連續打 4～8 組。練習時，也可以先打右拳 1 組，再打左拳 1 組，然後又是右拳 1 組，循環進

行訓練。

第五節　詠春拳拳功擊打重型靶訓練

擊打同伴抱於胸前的拳靶或大型腳靶，除可用來磨練殺傷力度外，更可用來強化你的實戰意識，因為這種擊打的不再是毫無生命力的沙包或牆壁靶，而是由人在操縱的「活著」的靶，從而將你的功力訓練逐步引向實戰化。

一、右拳練習

【動作要領】

我以二字箝羊馬站好，同伴將訓練靶抱牢於右胸前（圖 1–6–1）；

隨後，在呼氣的同時，將右拳由中線果斷打出（圖 1–6–2）；

圖 1–6–1　圖 1–6–2

將右拳沿直線徑直向正前方快速打出（圖 1–6–3）；

右拳準確地擊中訓練靶的中央部位（圖 1–6–4）；

強大的衝擊力可能會將對方打得向後方「飛」出去（圖 1–6–5）；

我是用短距離的瞬間爆炸力去果斷擊打的（圖 1–6–6）。

圖 1–6–3 圖 1–6–4

圖 1–6–5 圖 1–6–6

【動作要求】

1. 出拳打擊時須與呼氣配合，手臂須放鬆地打出，以保持順暢的攻擊速度。

2. 打擊的動作要有彈性，快打快收，重點體會瞬間爆炸力的運用。但打擊的力度要一步步慢慢增加，不可急於求成。

【訓練量】

可每 10 拳為 1 組，連續打 3～6 組，組與組之間休息 30 秒鐘～1 分鐘。

二、左拳練習

【動作要領】

以二字箝羊馬站好，同伴將訓練靶抱於右胸前（圖 1-6-7）；

隨後，在呼氣的同時，將左拳由中線果斷打出（圖 1-6-8）；

圖 1-6-7　圖 1-6-8

將左拳快速向正前方打出（圖 1-6-9）；

我的左拳準確地擊中了訓練靶的中央部位（圖 1-6-10）；

強大的打擊力可能會將對方打得向後方「直飛」出去（圖 1-6-11）。

圖 1-6-9

【動作要求】

1. 出拳打擊時須與呼氣配合，手臂應放鬆地打出，以保持順暢的攻擊速度。

2. 用短距離的瞬間爆炸力去果斷擊打。

3. 打擊的動作要有彈性，快打快收。

【訓練量】

每 10 拳為 1 組，連續打 3～6 組，組與組之間休息 30

圖 1-6-10　圖 1-6-11

秒鐘～1 分鐘。

第六節 詠春拳拳功輔助訓練

本節訓練的內容用來進一步增強你的打擊威力和強化你的手臂力度，為以後的搏擊訓練打好堅實的基礎。

一、負重沖拳練習

負重沖拳主要用來是強化訓練出拳時的力度及速度，也是改善出拳技術及增強打擊爆發力的最重要訓練手段之一。等你一旦適應了手中的訓練器械後，當你再進行「空擊」訓練時，自然會打得既快又有力，原因是因為你的神經及肌肉已經習慣了這種快而強勁的發力方式，並形成了慣性作用，所以，就算你放下手中的鐵器後，你仍然會打得快而迅猛，並且更加強勁有力，這是人體中的強烈的神經衝動的「剩餘興奮」仍在繼續發揮作用，指揮你的肌肉進行快速地收縮，從而爆發出驚人的力道與速度。

(一)單拳負重打擊練習

本練習的目的是訓練動作的精確性及進一步強化打擊動作的品質。

1. 右拳練習

【動作要領】

練習時以二字箝羊馬站好，目視正前方，兩手握拳置

於胸側，其中右手握住重約 0.5 公斤的短鐵棒（圖 1–7–1）；

邊將右拳移向中線，邊放鬆地向正前方打出（圖 1–7–2）；

須邊打邊呼氣進行配合（圖 1–7–3）

右臂須打直，以便使勁力得以充分地釋放，也就是將特有的「震盪力」打出來（圖 1–7–4）。

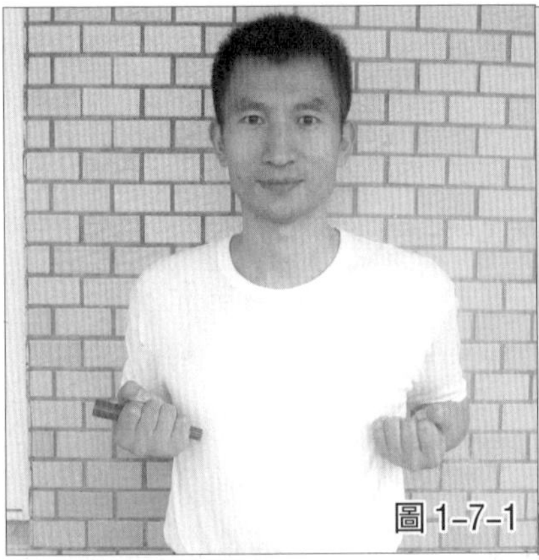

圖 1–7–1

圖 1–7–2

圖 1–7–3

圖 1–7–4

（圖 1-7-5～8）為右拳負重打擊練習動作的側面示範。

【動作要求】

（1）右手須以自己的鼻子為「準星」向前方徑直打出。

（2）打出時手臂要放鬆，只有先放鬆才能將「寸勁」釋放出來。

（3）右手向前打出時仍須有向上挑腕的動作，以助發

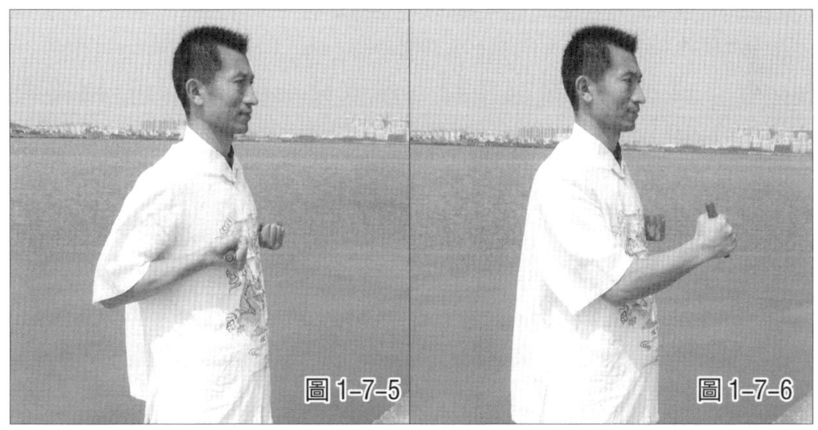

圖 1-7-5　圖 1-7-6

圖 1-7-7　圖 1-7-8

力。

【訓練量】

每 10 拳為 1 組，連續打 4～8 組，組與組之間休息 30 秒鐘～1 分鐘。

2. 左拳練習

【動作要領】

練習時以二字箝羊馬站好，目視正前方，兩手握拳置於胸側，其中左手握住重約 0.5 公斤的短鐵棒（圖 1–7–9）；

邊將左拳移向中線，邊放鬆地向正前方打出（圖 1–7–10）；

須邊打邊呼氣進行配合（圖 1–7–11）；

須將左臂打直以便使寸勁得以充分地釋放（圖 1–7–12）。

（圖 7–13、14）為左拳負重打擊練習的側面示範。

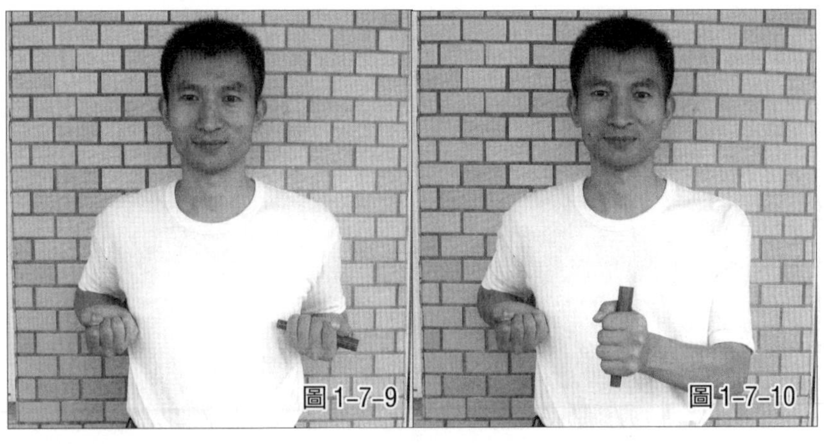

圖 1–7–9　圖 1–7–10

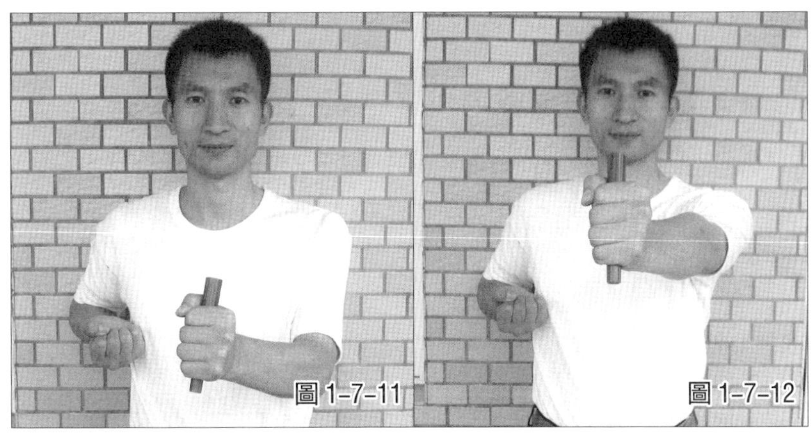

圖 1-7-11　圖 1-7-12

圖 1-7-13　圖 1-7-14

【動作要求】

(1) 打出時手臂仍須放鬆，以保證寸勁的最佳發揮。

(2) 每一拳都須配合呼氣進行高品質的打擊。

【訓練量】

每 10 拳為 1 組，連續打 4～8 組。具體練習時，也可以先打右拳 1 組，再打左拳 1 組，然後又是右拳 1 組，循

環進行訓練。

(二)負重連環拳打擊練習

本練習的目的是進一步鞏固上面的單拳負重打擊練習的訓練效果，培養出猶如排山倒海般的致命連環重擊。

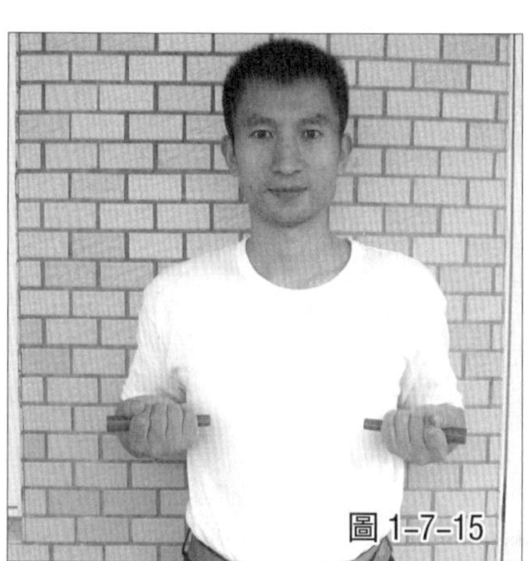
圖 1-7-15

【動作要領】

練習時以二字箝羊馬站好，目視正前方，兩手分別握住重約 0.5 公斤的短鐵棒置於胸側（圖 1-7-15）。

邊將右拳移向中線，邊放鬆地向正前方快速攻出（圖 1-7-16）；

須將右臂打直，以便將震盪力充分發揮出來（圖 1-7-17）；

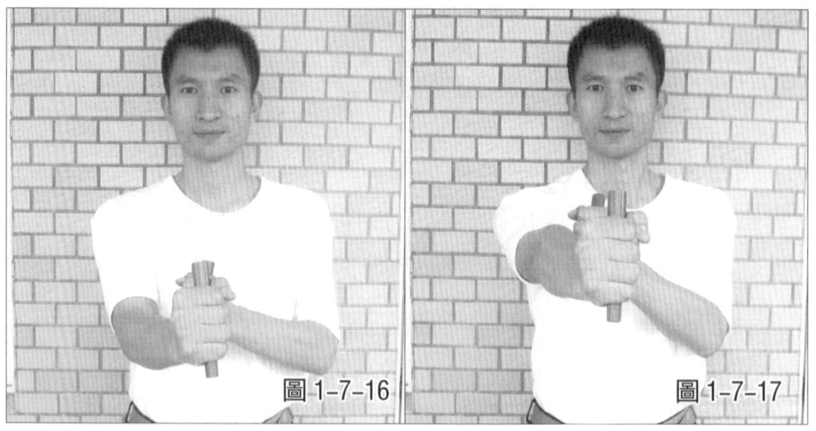
圖 1-7-16　圖 1-7-17

接下來，再在右手回收的同時，將左拳從右手上側向前打出（圖 1-7-18）；

此時左拳仍須沿中線向前方打出（圖 1-7-19）；

左臂仍須打直，以便將爆炸力完全打出來（圖 1-7-20）；

在左拳回收的同時，再將右拳從左拳上側向前方打出（圖 1-7-21）；

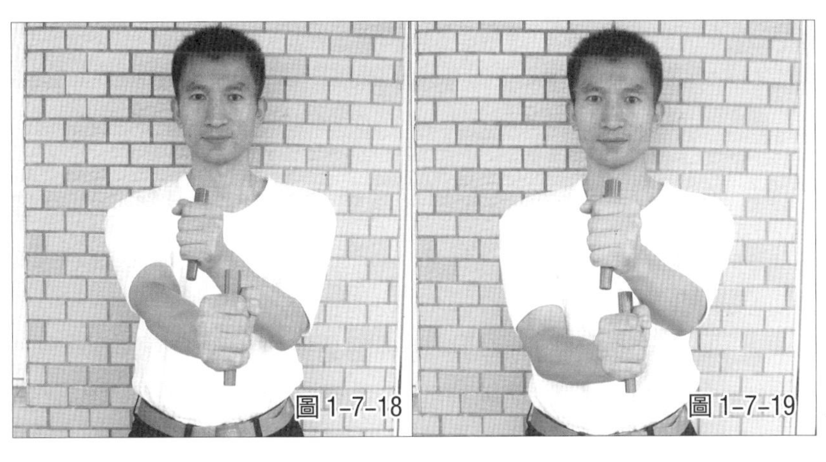

圖 1-7-18　圖 1-7-19

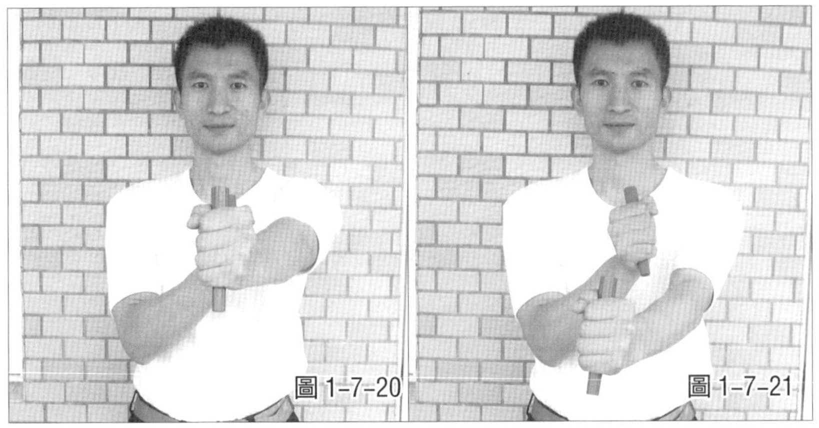

圖 1-7-20　圖 1-7-21

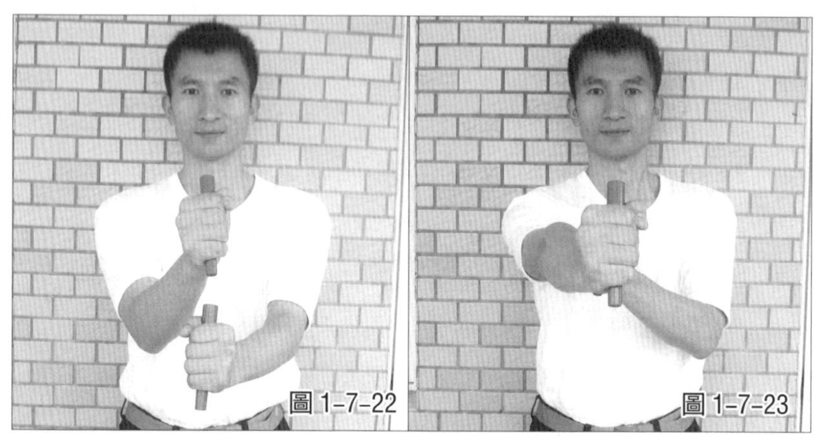
圖 1-7-22　圖 1-7-23

右拳打出時須呼氣進行配合（圖 1-7-22）；

右臂須向前打直，以便將穿透性極強的爆炸力完全釋放出來（圖 1-7-23）。

【動作要求】

1. 向前出拳打擊時一定要遵循守中用中的原則。

2. 手臂要放鬆地打出，手臂一定要打直，並要有彈性。

3. 須配合呼氣去進行高品質的打擊，例如可以先吸一口氣再分幾次呼完，也就是每打出一拳便呼出一點。

【訓練量】

本練習為典型的三拳連擊（也可根據實際情況設定為五拳連擊或七拳連擊）。當然，你可視這三拳（或五拳）為一個完整的動作，連續打 3～5 個「三拳」為 1 組，並連續打 5～8 組。

二、拳面俯臥撐練習

此練習主要用來強化拳面硬度與增強打擊力，並對增強手臂的力量和肘部勁力極為有用，另外它對保證出拳重擊時手腕不致於挫傷也極為有用。

【動作要領】

雙臂伸直俯臥於地面上，軀幹伸直，雙手握拳以拳面撐地（拳心向裏或向後），雙腳併攏伸直並以兩前腳掌著地（圖 1-8-1）；

圖 1-8-1

將身體慢慢向下放，即屈臂下放（圖 1-8-2）；

直至向下放至雙臂屈曲的狀態（圖 1-8-3）；

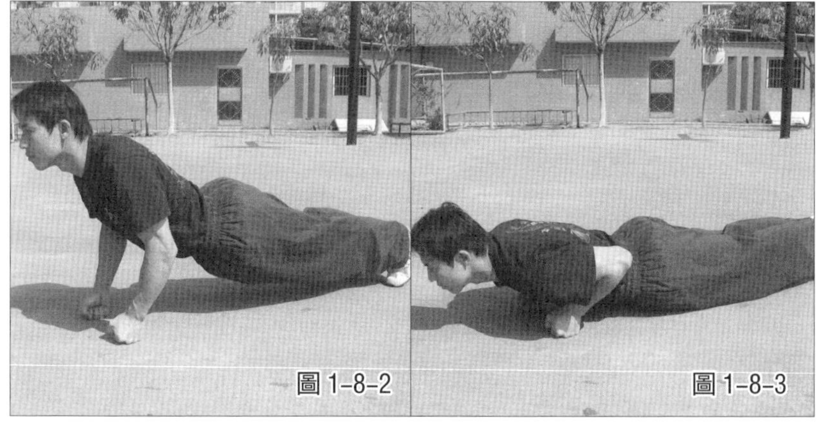
圖 1-8-2　圖 1-8-3

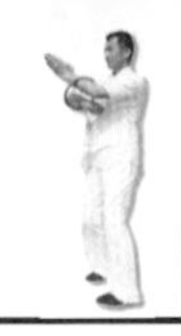

然後，再在呼氣的同時將雙臂以較快的速度向上撐起（圖 8-4），以上過程為一個完整的動作，可反覆重複上述動作過程。

（圖 1-8-5～7）為單臂（拳）俯臥撐練習的示範動作，也就是仍先將支撐的單側手臂放下，然後再向上撐起，不過這種高難度的訓練動作不適合初學者訓練。

圖 1-8-4　圖 1-8-5

圖 1-8-6　圖 1-8-7

【動作要求】

1. 做動作的過程中，頭部應始終抬起，並配合呼吸進行訓練，即雙臂放下時吸氣，向上撐直時呼氣。

2. 無論是雙臂練習還是單臂練習，都要挺直身體。

3. 俯臥撐的速度須掌握好，例如你可以在向下彎曲手臂時採用較慢的速度，並在向上撐起手臂時用較快的速度，這樣做的目的會使你兼顧到力量與速度這兩個方面的效果。

【訓練量】

做 3～7 組，每組 10 次～15 次，每一組中間可休息 30 秒鐘～1 分鐘。

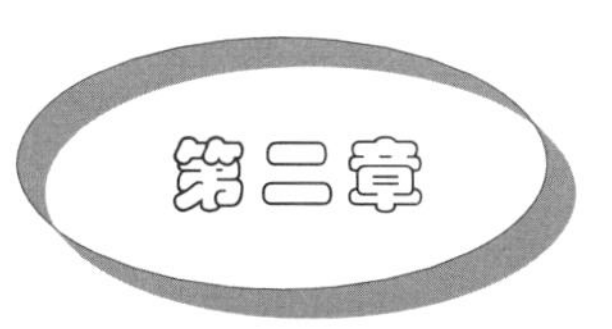

詠春拳掌功訓練

詠春拳雖然是一種「拳」術，但事實上在操練過程中，可以用掌進行搏擊的機會並不少於拳頭，「既然是存在的，就是合理的」，那麼掌法肯定有它存在的理由。也可能是人的手掌先天就較為堅硬，適於進行搏擊；或者說是掌法在比較之下可能會更為靈活一些。事實上，在中國歷史上，以掌功聞名的武術家不在少數，而以鐵拳聞名的武術家反而較少。在這裏，我們並不是說掌功就比拳功好，而是說掌功也有其自身的獨特之處。至少有一點，它不需要握起來就可以直接出擊，這樣就會比出拳快零點幾秒，但恰恰就是這零點幾秒便可決定勝負。

掌功的訓練較為簡單，按下述步驟去練習，可用最短的時間來取得最大的打擊效果。

第一節　詠春拳掌功基本技術訓練

本訓練目的是掌握正確的掌擊要領，形成正確的動作定型，並經由反覆訓練把這些單個動作的強大殺傷力發掘出來。

一、正掌練習

正掌是詠春拳中最基本的實戰技術之一，這種直線型的打擊技術速度極快，因此命中率極高，對方也極難防範。

(一)右掌練習

【動作要領】

由正身二字箝羊馬開始，雙拳置於胸側，目視前方（圖 2-1-1）；

邊將右拳變成掌，邊移向人體中間的中心線，並使掌心朝向前方（圖 2-1-2）；

以肘部發力將右掌沿中心線放鬆地向正前方打出（圖 2-1-3）；

直至將手臂完全打直的瞬間，才將力量果斷發出，也就是講求瞬間爆炸力的發揮（圖 2-1-4）。

（圖 2-1-5～8）為右正掌的側面示範。從圖中可以看

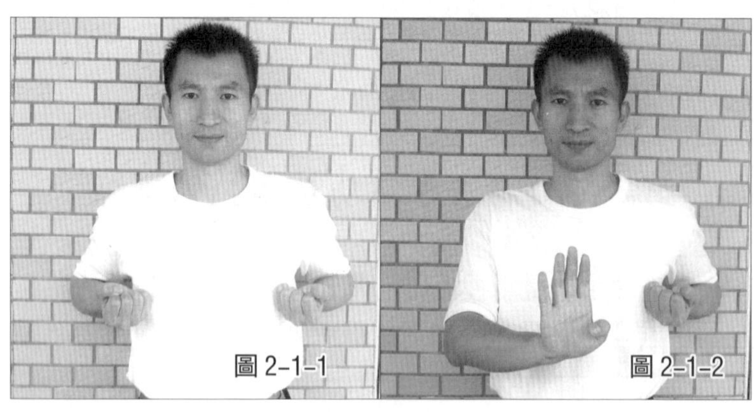

圖 2-1-1　圖 2-1-2

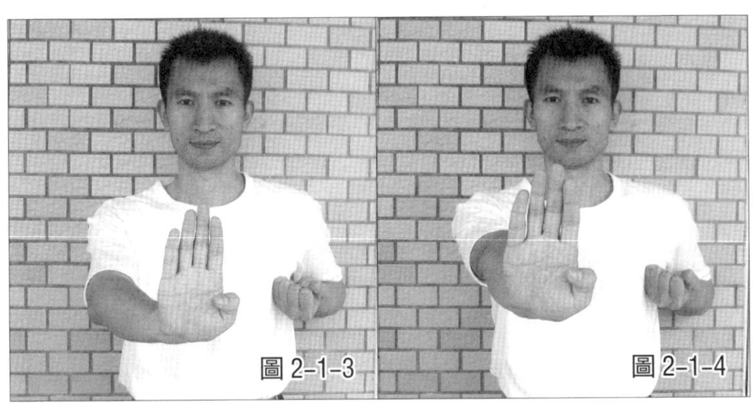
圖 2-1-3　圖 2-1-4

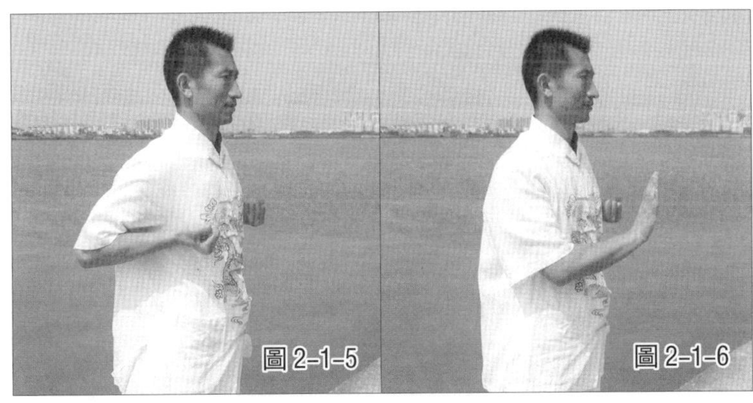
圖 2-1-5　圖 2-1-6

圖 2-1-7　圖 2-1-8

圖2-1-9

出在出掌的過程中身體是不晃動的，以保證寸勁的有效發揮。

（圖 2-1-9～13）為右正掌在實戰中的示範，即在先用左手向外側擋開對方攻來的右擺拳的同時，快速將右掌由中線果斷、準確地擊

圖2-1-10 圖2-1-11

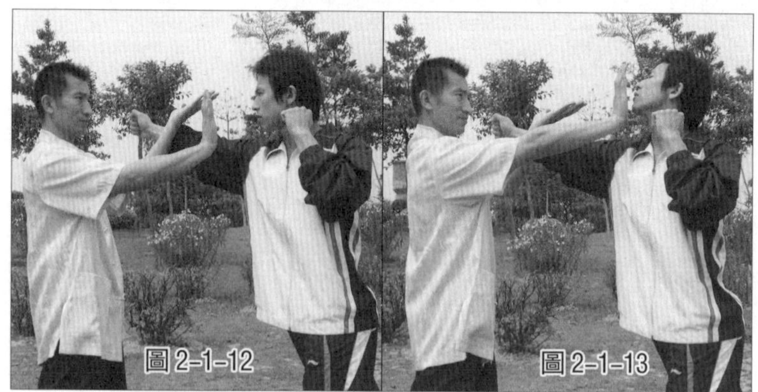
圖2-1-12 圖2-1-13

中對方下巴要害處，一招制敵。

【動作要求】

1. 右掌打擊時須呼氣進行配合。

2. 打出右掌時肩部與身體不可隨之擺動，以免破壞用力方式。

3. 手臂須放鬆地打出，以保證寸勁的最佳發揮。

【訓練量】

每 10 掌為 1 組，連續打 3～6 組，組與組之間休息 30 秒鐘～1 分鐘。

（二）左掌練習

【動作要領】

由正身二字箝羊馬開始，雙拳放於胸側，目視前方（圖 2-1-14）；

先將左拳變成掌，並移向體前的中心線，且使掌心朝向前方（圖 2-1-15）；

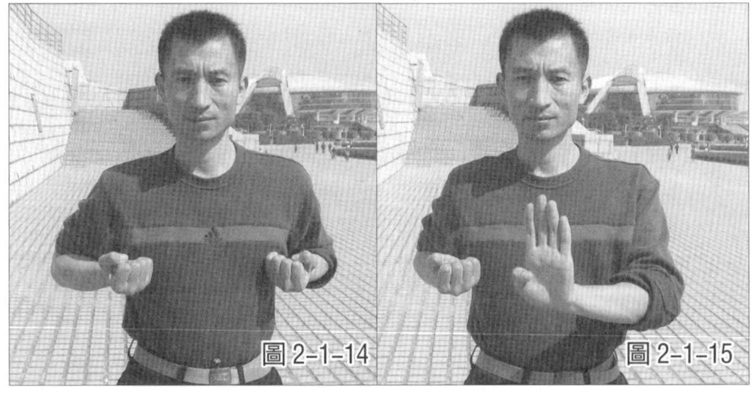

圖 2-1-14　圖 2-1-15

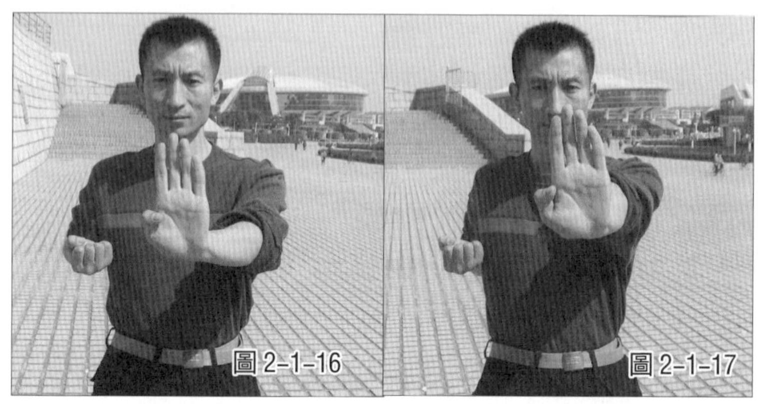

圖 2-1-16　圖 2-1-17

將左掌沿中心線放鬆地向正前方打出（圖 2-1-16）；

直至將手臂完全打直的瞬間，才將力量果斷、快速地發出（圖 2-1-17）。記住，此時必須是掌根發力。

【動作要求】

1. 打出左掌時肩部和身體均不可隨之擺動。

2. 手臂須打直，以便將打擊的爆炸力充分地發放出來，並在手臂打直的瞬間才將力果斷發出。

3. 掌須放鬆地打出，以保證寸勁的有效發揮。

【訓練量】

每 10 掌為 1 組，連續打 3～6 組，組與組之間休息 30 秒鐘～1 分鐘。

(三) 正掌連環打擊練習

連環掌擊多用來從正面去突然打擊對方的面門或下巴等薄弱環節處，所以是迅速取勝的搶攻手段之一，因此必須去強化它。

【動作要領】

以詠春拳的正身二字箝羊馬站好（圖 2–1–18）。

先將右掌「歸中」（即擄於中線上），再沿中線向正前方快速打出（圖 2–1–19）；

將右掌向前方打至臂直狀態為止，此時須呼氣進行配合（圖 2–1–20）；

接下來，在右掌打完後回收時，將左掌從右掌的上側快速向前打出（圖 2–1–21）；

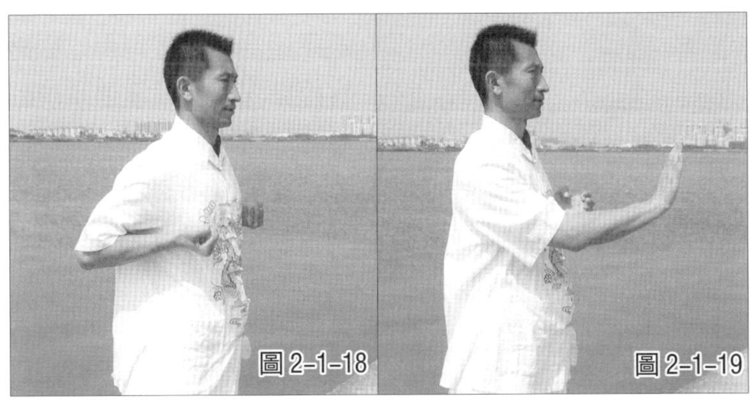

圖2–1–18　圖2–1–19

圖2–1–20　圖2–1–21

左掌須放鬆地向前方打出（圖 2-1-22）；

直至將左臂向前打直為止，此時才可將勁力果斷發出，此時必須將右掌守護於左肘處（圖 2-1-23）；

隨之，再將右掌從左掌上方果斷打出（圖 2-1-24）；

右掌打出時仍須呼氣進行配合（圖 2-1-25）；

直至將右臂向前打直為止，此時左手須護於右肘關節處（圖 2-1-26）。

圖 2-1-22

【注意】

以上是一個典型的三掌連擊組合，當然也可以根據實際情況去打五掌連擊或七掌連擊。

【動作要求】

1. 出掌時肩部不可隨之擺動，要慢慢體會震盪力的運用。

2. 我的每一掌均是從自

圖 2-1-23　圖 2-1-24

圖 2-1-25　圖 2-1-26

己另一手的手腕上方打出，要遵循守中用中的原則。

3. 無論哪一掌打出時，另一掌均須守護於攻出之臂的肘關節處，正所謂攻守合一。

【訓練量】

可視每打三掌（或五掌）為一個完整的動作，剛開始練習時，你可以連續打 3～5 個「三掌」為一組，並可以連續打 3～6 組。

二、剎掌練習

剎掌是實戰中最掌用的掌法之一，主要用來突然打擊對方的面門及下巴、喉頸等致命要害處，所以一旦命中目標當可收到立竿見影之效。

(一) 右掌練習

【動作要領】

由二字箝羊馬開始，雙拳置於胸側，目視前方（圖

2–2–1）；

先將右拳變掌，邊移向人體中心線，邊將掌心朝向下方，手指朝向左側攻出（圖 2–2–2）；

在呼氣的同時將右掌放鬆、快速地向正前方打出（圖 2–2–3）；

力達掌刀（掌根），並與呼氣進行配合（圖 2–2–4）。

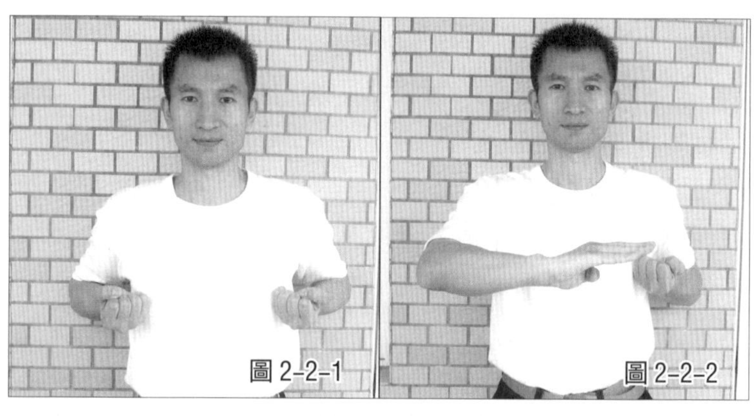

圖 2-2-1　圖 2-2-2

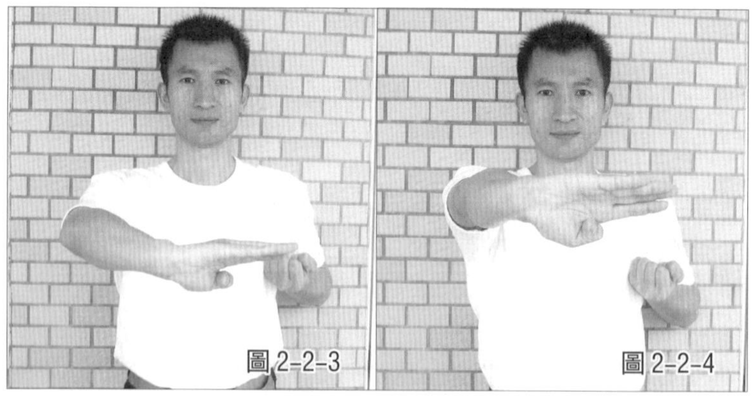

圖 2-2-3　圖 2-2-4

（圖 2-2-5）為右掌打出時的正面示範，即著力點示範。

（圖 2-2-6～9）為右剎掌的側面示範。

圖2-2-5

圖2-2-6　圖2-2-7

圖2-2-8　圖2-2-9

（圖 2-2-10～13）為右掌在實戰中的示範，即先用左手向外側擋開對方攻來的右拳，同時立即將右掌沿中線果斷狠擊對方的下巴或側頸等要害處，一招制敵。

【動作要求】

1. 右掌打擊時須與呼氣進行配合。

2. 打出右掌時肩部與身體不可隨之擺動。

3. 手臂須放鬆地打出，以保證寸勁的最佳發揮。

圖2-2-10　圖2-2-11

圖2-2-12　圖2-2-13

【訓練量】

每 10 掌為 1 組，連續打 3～6 組，組與組之間休息 30 秒鐘～1 分鐘。

(二)左掌練習

【動作要領】

由正身二字箝羊馬開始，雙拳置於胸側，目視前方（圖 2-2-14）；

先將左掌變成拳，邊移向體前的中心線，邊將掌心轉向下方（圖 2-2-15）；

呼氣同時將左掌沿直線放鬆地向正前方打出（圖 2-2-16）；

圖 2-2-14

圖 2-2-15　圖 2-2-16

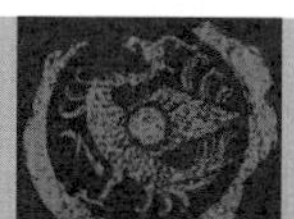

圖 2-2-17

力達掌刀，短脆地將勁力釋放出來（圖 2-2-17）。

（圖 2-2-18～21）為左剎掌的側面示範。此時仍須與呼氣進行良好的配合。

【動作要求】

1. 打出左掌時肩部與身體均不可隨之擺動，動作要

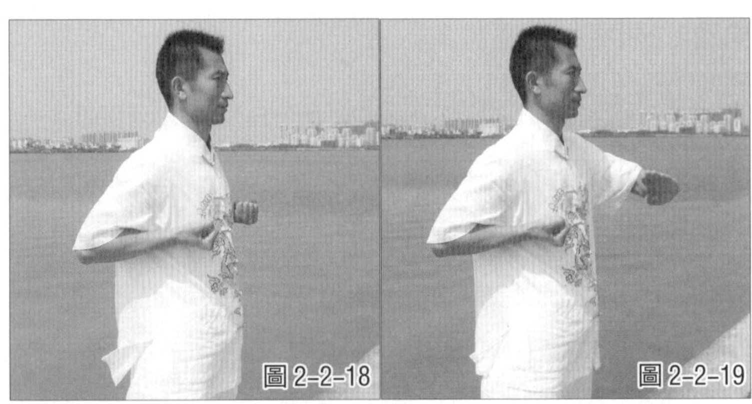
圖 2-2-18　圖 2-2-19

圖 2-2-20　圖 2-2-21

自然。

2. 掌須放鬆地打出，不可僵滯，以免影響速度。

【訓練量】

每 10 掌為 1 組，連續打 3～6 組，組與組之間休息 30 秒鐘～1 分鐘。

三、側（鏟）掌練習

側掌是詠春拳中破壞力最大的實戰掌法之一，主要用來打擊對方的下巴、喉頸以及心窩等要害處，一旦命中目標當可收到決定性效果，它與正掌同屬兩大主力掌法之一。

圖 2-3-1

(一)右掌練習

【動作要領】

由二字箝羊馬開始，雙拳放於胸側，目視前方（圖 2-3-1）；

先將右掌變成掌，邊移向中心線，邊使掌心朝向前方，手指朝向右側（圖 2-3-2）；

圖 2-3-2

在呼氣的同時力達掌根，將右掌沿中線向正前方打出（圖 2-3-3）；

在將手臂打直的同時，寸勁也剛好發出來（圖 2-3-4）。

（圖 2-3-5～8）為右側掌的側面示範。

（圖 2-3-9～12）為右側掌在實戰中的示範，在先用左手向內側拍開對方攻來的右拳同時，快速將右掌沿直線果斷、準確地擊中對方的下巴（或肋骨）這一要害處，一

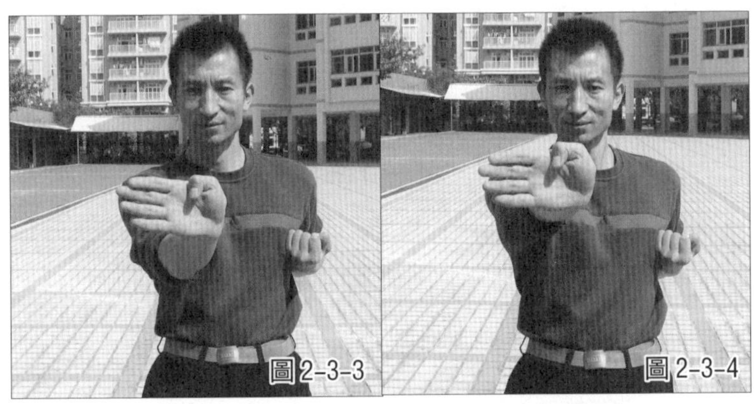

圖2-3-3 圖2-3-4

圖2-3-5 圖2-3-6

圖2-3-7　圖2-3-8

圖2-3-9　圖2-3-10

圖2-3-11　圖2-3-12

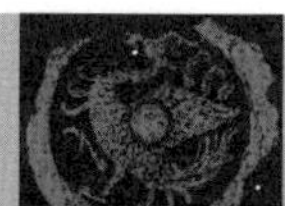

招制敵。

【動作要求】

1. 右掌打擊時須與呼氣配合。

2. 手臂須放鬆地打出，以保證寸勁的最佳發揮。

3. 利用加速度原理將右側掌的巨大殺傷威力發揮至極限。

【訓練量】

每 10 掌為 1 組，連續打 3～6 組，組與組之間休息 30 秒鐘～1 分鐘。

(二)左掌練習

【動作要領】

由正身二字箝羊馬開始，雙拳放於胸側，目視前方（圖 2-3-13）；

先將左拳變成掌，並移向體前的中心線，同時使掌心朝向前方（圖 2-3-14）；

在呼氣的同時將左掌根沿中心線向正前方打出，此時

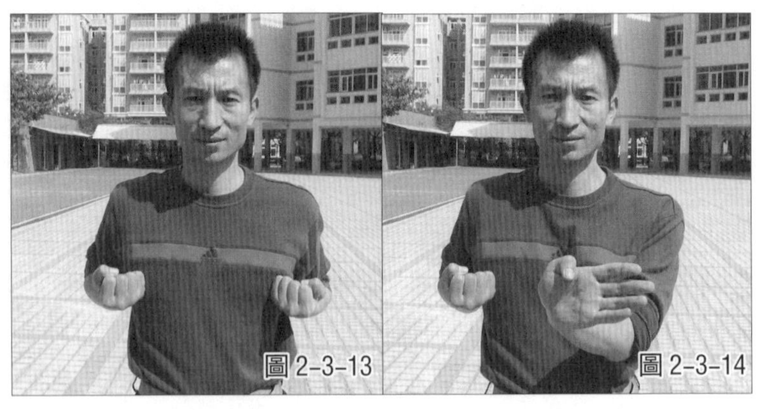

圖 2-3-13 圖 2-3-14

我的鼻子與左掌根及對方的面門在一條直線上（圖2-3-15）；

力達掌刀，並將手臂打至臂直狀態（圖 2-3-16）。

（圖 2-3-17～20）為左側掌的側面示範。此時仍須與呼氣進行良好的配合。

【動作要求】

1. 左臂仍須打直，以便將打擊的瞬間爆炸力充分地發放出來。

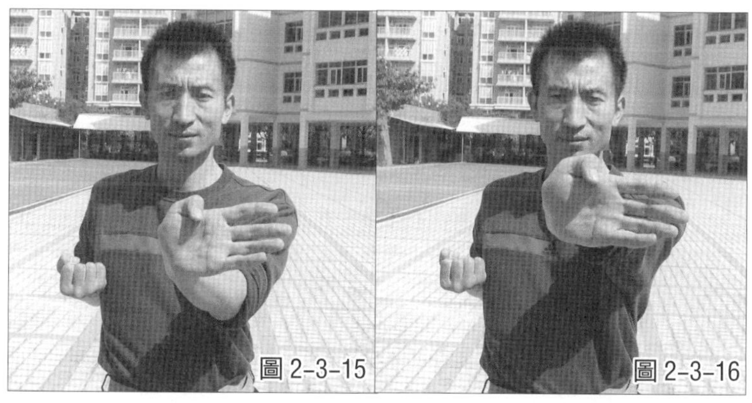

圖 2-3-15　圖 2-3-16

圖 2-3-17　圖 2-3-18

圖 2-3-19　圖 2-3-20

2. 發揮加速度原理，即動作須放鬆地打出，並在擊中目標前的瞬間使打擊的速度達到最快，當然打擊力道也會隨之越來越大。

【訓練量】

每 10 掌為 1 組，連續打 3～6 組，組與組之間休息 30 秒鐘～1 分鐘。

第二節　詠春拳掌功擊打牆壁靶訓練

擊打牆壁靶（或牆臂式沙包）的訓練是詠春拳中運用最廣泛的功力訓練手段之一，由於詠春拳特別重視功力練習，恰好牆壁靶又可將打擊潛力充分地釋放出來，所以幾乎所有的詠春拳師傅均將此訓練手段作為不可替代的訓練方法之一。事實上無論你的技術有多好，出手有多快，假如沒有強勁的殺傷力做後盾的話，即使擊中對手也如隔靴搔癢，根本無法由此徹底制服對方。

當你真正擊打牆壁靶時，你的打擊力並非只是擊打在

牆壁靶本身，而是透過牆壁靶而作用在後面的牆壁上，也就是以整個牆壁作為後盾，在這種情況下所磨練出來的殺傷力與攻擊力將是相當驚人的，因為整個牆壁的抗衡擊能力將要比一二百磅重的沙包不知要強多少倍。

注：掛在牆上的靶可以是傳統的方形沙包，也可以是現代訓練手段中常用的專用牆壁靶，它們的訓練效果都很好。

一、正掌打擊牆壁靶練習

主要是以右掌或左掌之單式打擊動作進行反覆地強化訓練，去進一步挖掘正掌的打擊潛力與威力，並強化正確的動作定型。

(一)右掌練習

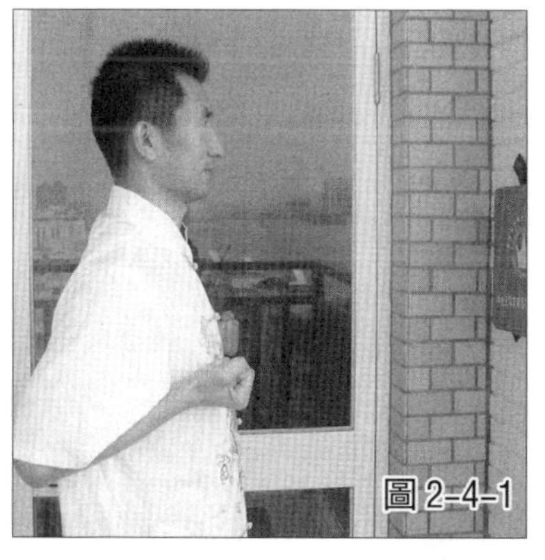
圖2-4-1

【動作要領】

面對牆壁靶以二字箝羊馬站好，兩拳置於胸側，目視正前方（圖2-4-1）；

在呼氣的同時，將右拳變成掌，由中線果斷打出（圖2-4-2）；

圖2-4-2

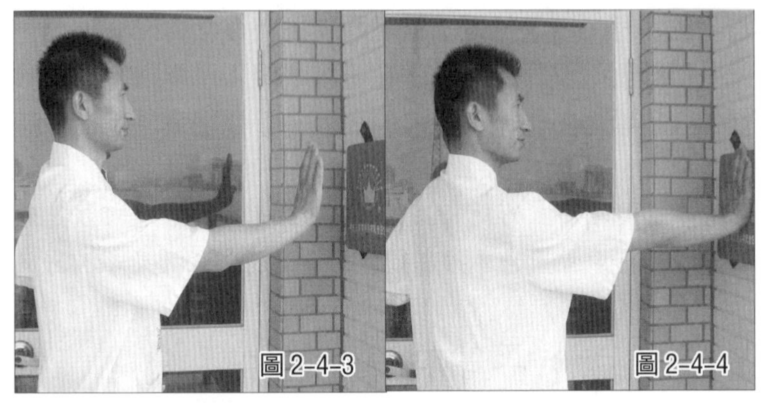

圖 2-4-3　圖 2-4-4

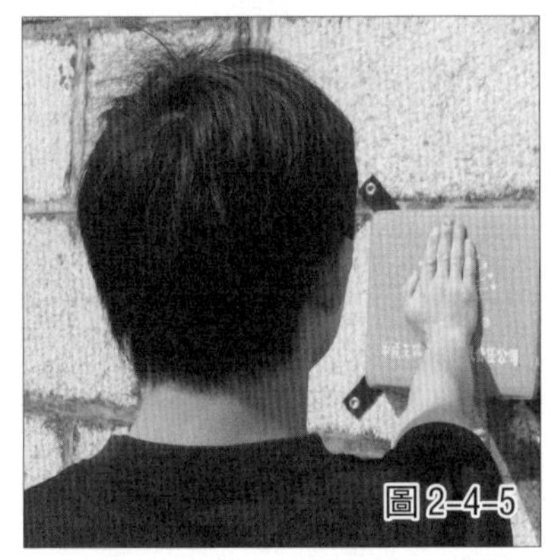

圖 2-4-5

在身體不晃動的情況下，將右掌放鬆地打出（圖 2-4-3）；

右掌沿直線徑直向正前方擊中了牆靶的中央部位（圖 2-4-4）。

（圖 2-4-5）為右掌擊中牆壁靶時的正面示範。

【動作要求】

1. 右掌打擊時身體不要動，要用寸勁去短距離快速地擊打。

2. 配合呼吸去出擊，以便將打擊的威力發揮至極限。

3. 整個身體及肩膀要放鬆，因為我們不是用肩去打擊目標，而是用掌去果斷地打擊，所以不可將力量束縛在肩或身體上。

4. 只有在擊中牆壁靶的瞬間才果斷用力，不可用力太早，以免影響速度的發揮。

【訓練量】

每 10 掌為 1 組，連續打 3～6 組，組與組之間休息 30 秒鐘～1 分鐘。

(二)左掌練習

【動作要領】

面對牆壁靶以二字箝羊馬站好，兩拳置於胸側，目視正前方（圖 2-4-6）；

在呼氣的同時，將左拳變成掌，由中線果斷打出（圖 2-4-7）；

須將左掌沿中線快速向前打出（圖 2-4-8）；

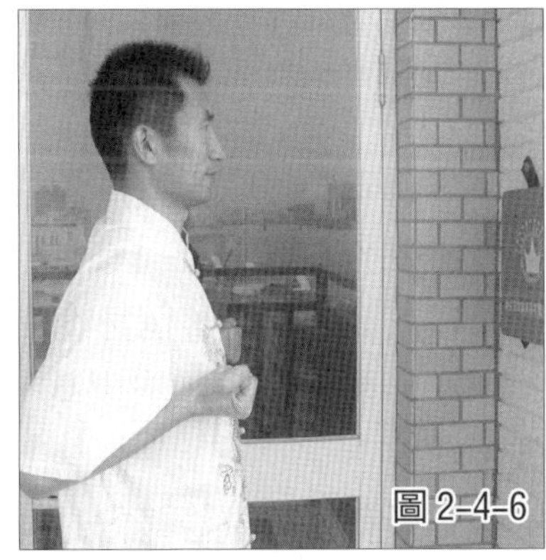
圖 2-4-6

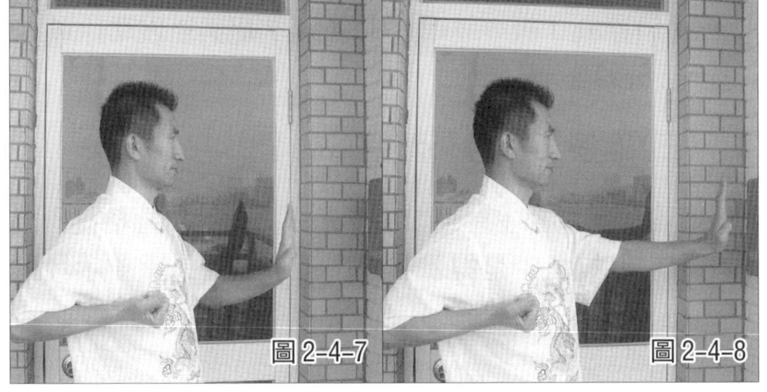
圖 2-4-7　圖 2-4-8

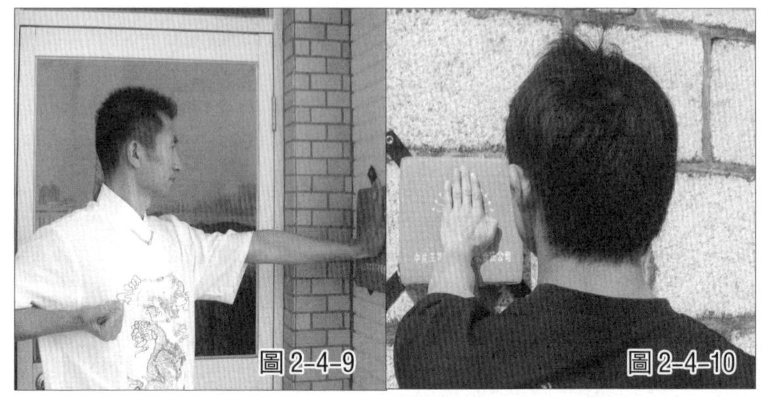

圖2-4-9　圖2-4-10

左掌沿直線徑直擊中了牆壁靶的中央部位（圖2-4-9）。

（圖 2-4-10）為左掌擊中牆壁靶時的正面示範。

【動作要求】

1. 左掌打出時整個身體及肩膀要放鬆。

2. 要配合好呼吸去出掌，以便將打擊的威力發揮至極限。

3. 只有在擊中牆壁靶的瞬間才果斷用力。

【訓練量】

每 10 掌為 1 組，連續打 3～6 組，組與組之間休息 30 秒鐘～1 分鐘。

(三) 連續正掌打擊牆壁靶練習

正掌連續打擊主要用來磨練掌根的硬度及摧枯拉朽式的連環攻擊技術，是搏擊制敵中不可忽略的重要手段之一。

【動作要領】

面對牆壁靶以二字箝羊馬站好，兩拳置於胸側（圖 2-4-11）。

右拳變掌並邊移向胸前中線，邊輕鬆地向前方打出（圖 2-4-12）；

右掌向前方打出時須呼氣進行配合（圖 2-4-13）；

以掌根發力擊中目標的中心位置（圖 2-4-14）；

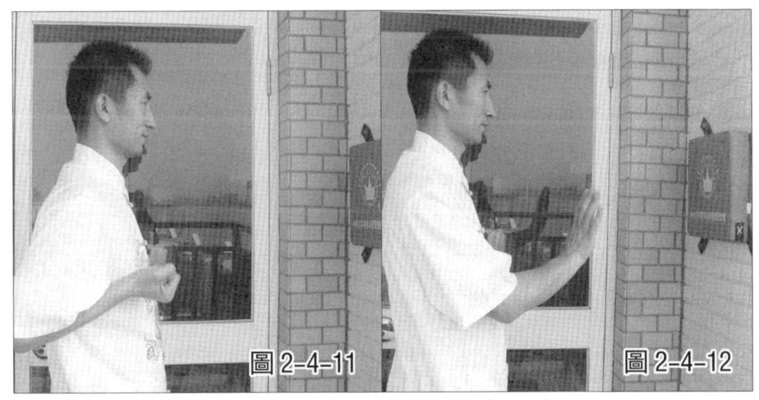

圖 2-4-11　圖 2-4-12

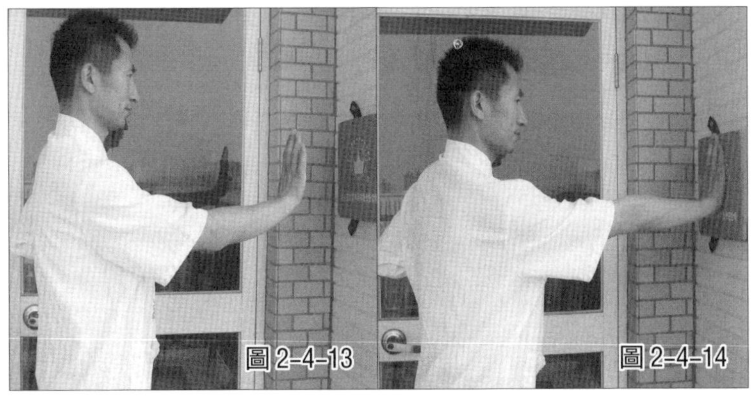

圖 2-4-13　圖 2-4-14

在右掌打完後回收時，將左掌從右手上側沿中線迅速打出（圖 2-4-15）；

左掌徑直打向正前方的目標（圖 2-4-16）；

左掌果斷擊中了訓練靶的中心位置，此時仍是用掌根發力去乾脆地擊打（圖 2-4-17）；

隨後，再將右掌也從左手上方沿中線向前方打出（圖 2-4-18）；

右掌應沿中線快速打向正前方（圖 2-4-19）；

圖 2-4-15　圖 2-4-16

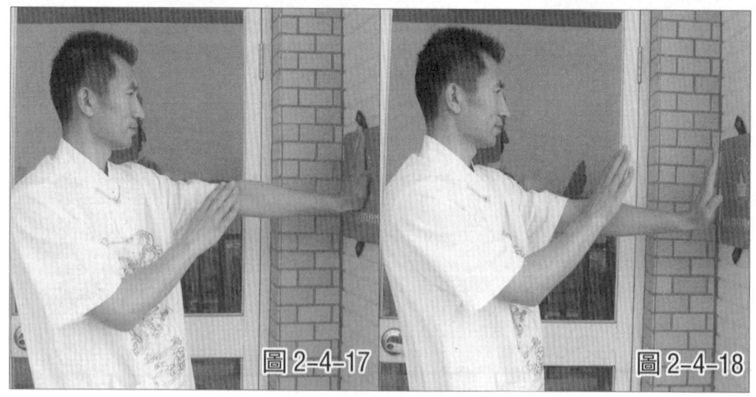

圖 2-4-17　圖 2-4-18

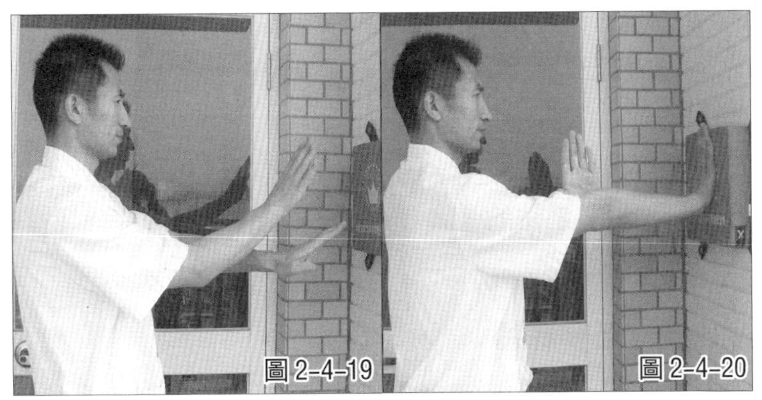

圖 2-4-19　圖 2-4-20

直至將右掌向正前方打至臂直狀態為止，此時仍須呼氣將力完全發出（圖 2-4-20）。

右手打完後可以收回至擺樁姿勢，也可不收回而連續打出左掌，進行五連擊或七連擊練習。

【動作要求】

1. 連續打擊時身體不要隨之擺動，仍用連貫的「短、快、脆」的力道打出。

2. 要配合好呼吸去出擊，可以先吸一口氣，然後分 3 次呼完，也就是當每擊打一下時，就呼出一點氣來，到第三掌時剛好呼完。呼氣不僅可以增強打擊力量，還可助於排出體內的廢氣，並調整好呼吸，從而在無形之中增強耐力。

【訓練量】

每打三下為一個完整的動作，剛開始練習時，連續打 3 至 5 個「三掌」為一組，並可以連續打 3～6 組，組與組之間休息 30 秒鐘～1 分鐘。

二、剎掌擊打牆壁靶練習

主要是以右掌或左掌的單式反覆擊打牆壁靶的動作，進一步挖掘該掌法的強大殺傷威力，為進行實戰搏擊做好必要的準備。

(一)右掌練習

【動作要領】

由正身二字箝羊馬開始，雙拳放於胸側，目視前方（圖 2-5-1）；

邊將右掌移向中心線，邊向前方快速打出，此時右手心向下，右手指朝向左側（圖 2-5-2）；

在呼氣的同時將右掌根徑直向正前方打出（圖 2-5-3）；

力達掌根，並將勁力乾脆地發出（圖 2-5-4）。

（圖 2-5-5）為右掌打出時的正面示範，即著力點示

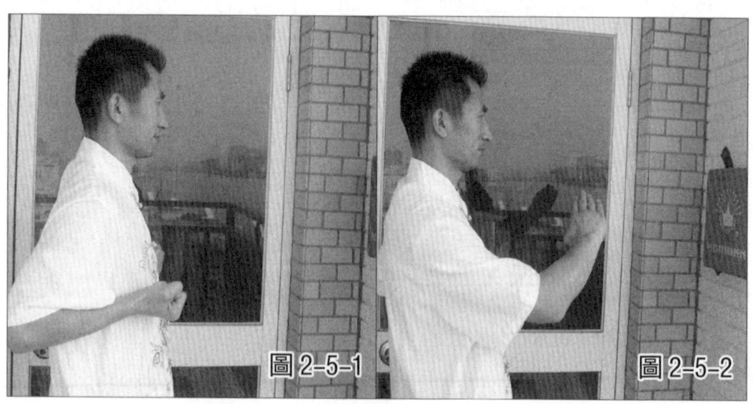

圖2-5-1　圖2-5-2

範。

（圖 2-5-6）為右掌根打擊牆壁靶時的正面示範，打擊時身體基本上是不動的，以保證寸勁的有效發揮。

【動作要求】

1. 右掌打擊時與呼氣進行配合。

2. 手臂須放鬆地打出，以保證寸勁的最佳發揮。

【訓練量】

可每 10 掌為 1 組，連續打 3～6 組，組與組之間休息

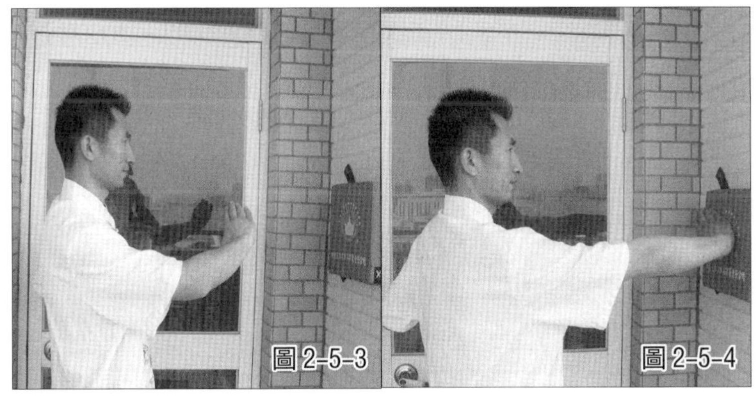

圖 2-5-3　圖 2-5-4

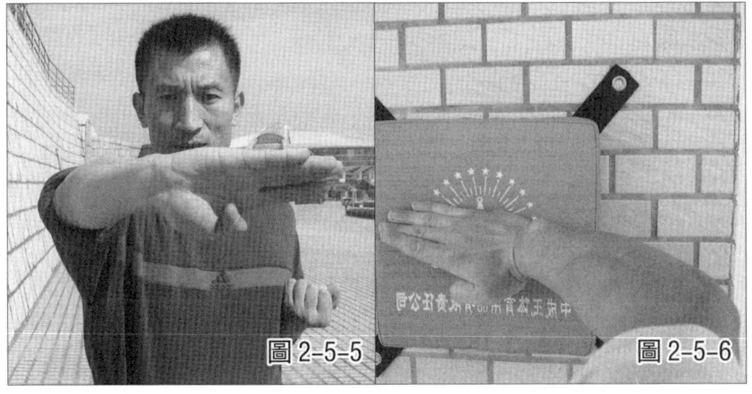

圖 2-5-5　圖 2-5-6

30 秒鐘～1 分鐘。

(二)左掌練習

【動作要領】

由正身二字箝羊馬開始，雙拳置於胸側，目視前方（圖 2–5–7）；

先將左掌移向體前的中心線，並使掌心朝向下方（圖 2–5–8）；

圖 2–5–7

在呼氣的同時將左掌沿中心線放鬆地向正前方打出（圖 2–5–9）；

力達掌根（或掌刀），將力量於瞬間果斷地發出（圖 2–5–10）。

（圖 2–5–11）為左掌打擊動作的正面示範。

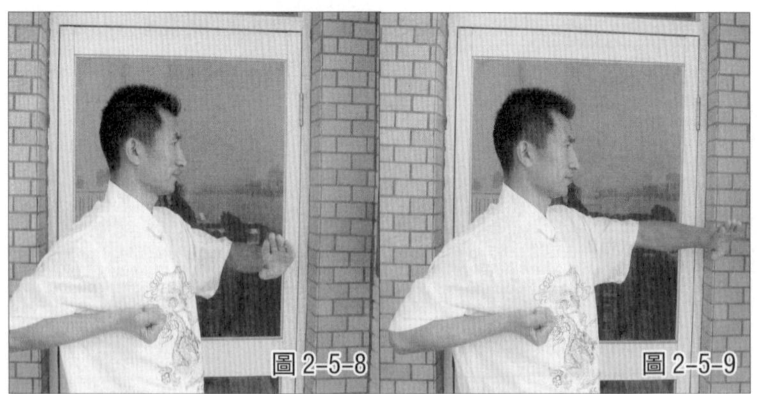
圖 2–5–8 圖 2–5–9

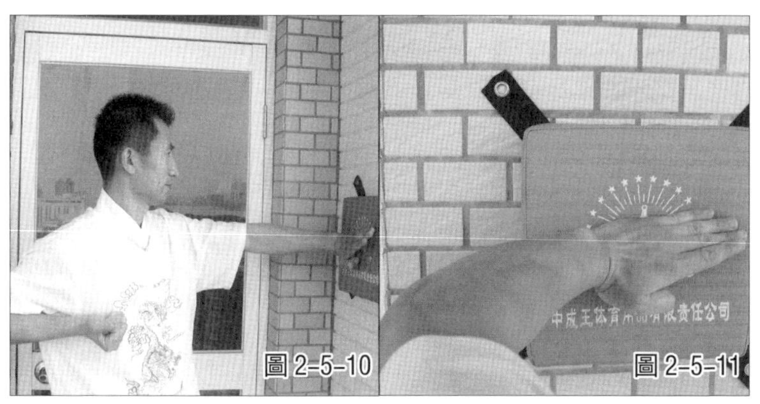

圖 2-5-10　圖 2-5-11

【動作要求】

1. 手臂儘量打直，以便將打擊的瞬間爆炸力充分地釋放出來。

2. 掌須放鬆地打出，以保證寸勁的最佳發揮。

3. 每掌打出時與呼氣進行良好的配合。

【訓練量】

可每 10 掌為 1 組，連續打 3～6 組，組與組之間休息 30 秒鐘～1 分鐘。

三、側（鏟）掌擊打牆壁靶練習

本節專門進行側掌的功力訓練，即通過擊打固定在牆上的訓練靶來進一步磨練側掌的巨大殺傷威力。

此掌法主要用來重擊對方的下巴或軟肋等要害處，一旦命中目標便可結束戰鬥。

(一)右掌練習

【動作要領】

由正身二字箝羊馬開始，雙拳置於胸側，目視前方（圖 2–6–1）；

先將右掌移向人體中間的中心線，並使掌心朝向前方，手指朝向右側（圖 2–6–2）；

在呼氣的同時力達掌根，將右掌沿中線向正前方打出，此時我的鼻子與右掌根及對方的面門仍在一條直線上（圖 2–6–3）；

我在將手臂打直的同時，剛猛的寸勁也剛好發放出來（圖 2–6–4）。

（圖 2–6–5）為右側掌的近距離示範。

（圖 2–6–6）為右側掌的正面示範。

【動作要求】

1. 要充分利用加速度原理，將側掌的巨大殺傷力發揮至極限。

圖2–6–1 圖2–6–2

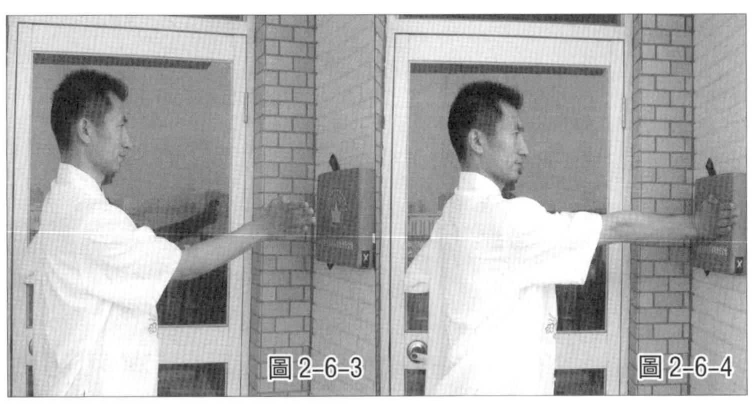
圖2-6-3　圖2-6-4

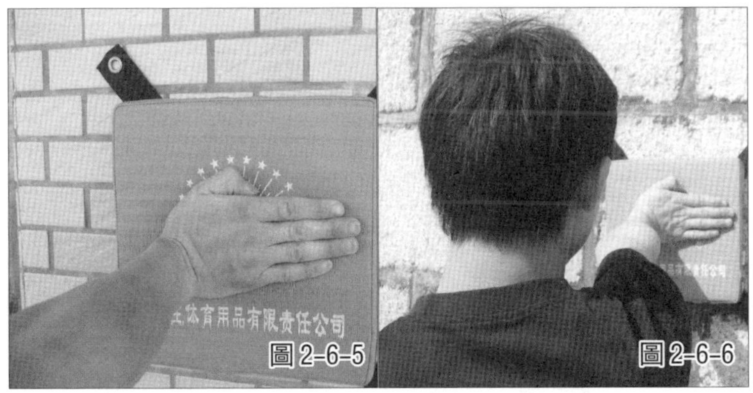

圖2-6-5　圖2-6-6

2. 打擊時仍須與呼氣進行良好的配合。

【訓練量】

每 10 掌為 1 組，連續打 3～6 組，組與組之間休息 30 秒鐘～1 分鐘。

(二)左掌練習

【動作要領】

由正身二字箝羊馬開始，雙拳放於胸側，目視前方

（圖 2–6–7）；

先將左掌移向中心線，使掌心朝向前方，手指朝向左側（圖 2–6–8）；

在呼氣的同時將左掌根沿中心線放鬆地向正前方打出（圖 2–6–9）；

力達掌根，並將手臂打至臂直狀態（圖 2–6–10）。

（圖 2–6–11）為左側掌打擊動作的正面示範。

（圖 2–6–12）為左側掌的近距離示範，打擊時仍須進

圖 2–6–7　圖 2–6–8

圖 2–6–9　圖 2–6–10

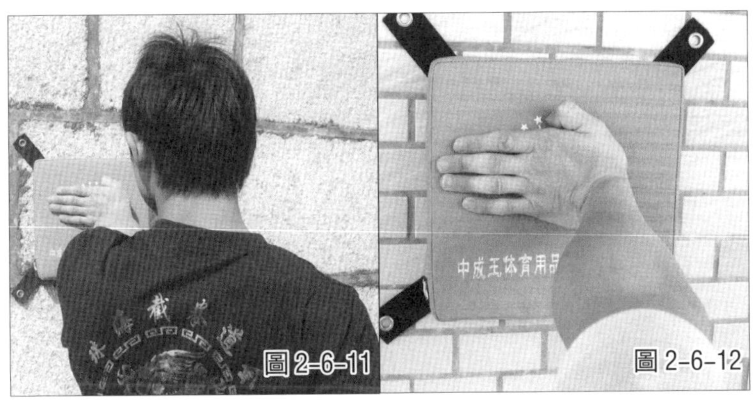

圖 2-6-11　圖 2-6-12

行良好的呼吸配合。

【動作要求】

1. 左臂仍須打直，以便將打擊的瞬間爆炸力充分地釋放出來。

2. 發揮加速度原理，以加大打擊的力道。

【訓練量】

每 10 掌為 1 組，連續打 3～6 組，組與組之間休息 30 秒鐘～1 分鐘。

四、橫削（劈）掌擊打牆壁靶練習

在詠春拳中，這種掌法用的不太多，而在空手道與跆拳道等其他東方武術中用的則較多，這是一種弧線形的掌法，由於它運行的路徑是一條弧線，因此與本門的其他掌法相比，其打擊速度會略慢一點，但只要能把握住時機，仍不失為一種足以致命的打擊手段。正因為它的運行路線較長，所以在運行的過程中可以不斷增加打擊的慣性勢

能。由於這一掌法主要用來攻擊人的頸部、喉結與太陽穴等要害處，所以也屬於「一擊必殺」的招術之一。

(一)右掌練習

【動作要領】

由正身二字箝羊馬開始，雙拳置於胸側，目視前方，自然呼吸，此時我是斜對著牆壁靶的（圖 2-7-1）；

先將右掌向右前方揮出，此時手心斜向前方（圖 2-7-2）；

在呼氣的同時力達掌根橫劈向牆壁靶（圖 2-7-3）；

將右掌根乾脆地打擊牆壁靶的中心處，此時左手可守護於右肘關節處（圖 2-7-4）。

（圖 2-7-5）為右橫削掌的正面示範。

（圖 2-7-6）為右橫削掌的近距離示範，此時展示的是手掌接觸目標時的著力點。

【動作要求】

1. 打擊時須與呼氣進行良好的配合，手臂放鬆地打

圖 2-7-1　圖 2-7-2

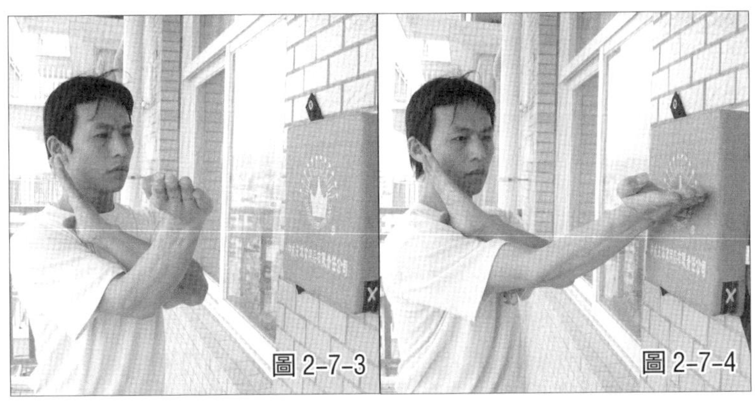

圖 2-7-3　圖 2-7-4

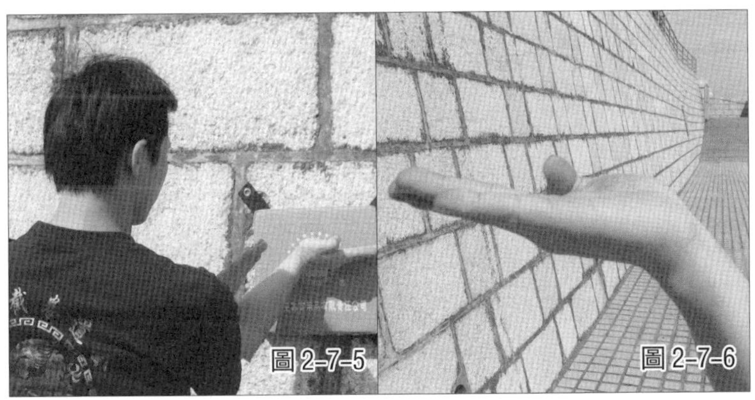

圖 2-7-5　圖 2-7-6

出，以保證寸勁的最佳發力。

2. 要充分利用加速度原理將右掌的巨大殺傷力發揮至極限。

【訓練量】

每 10 掌為 1 組，連續打 3～6 組，組與組之間休息 30 秒鐘～1 分鐘。

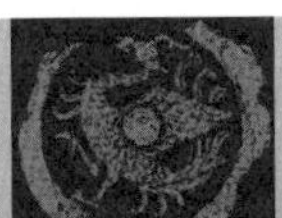

(二)左掌練習

【動作要領】

由正身二字箝羊馬開始，雙拳置於胸側，目視前方，自然呼吸。此時我是斜對著牆壁靶（圖 2–7–7）；

先將左掌向左前方揮出（幅度不可過大），此時手心斜向前方（圖 2–7–8）；

在呼氣的同時力達掌根橫劈目標（圖 2–7–9）；

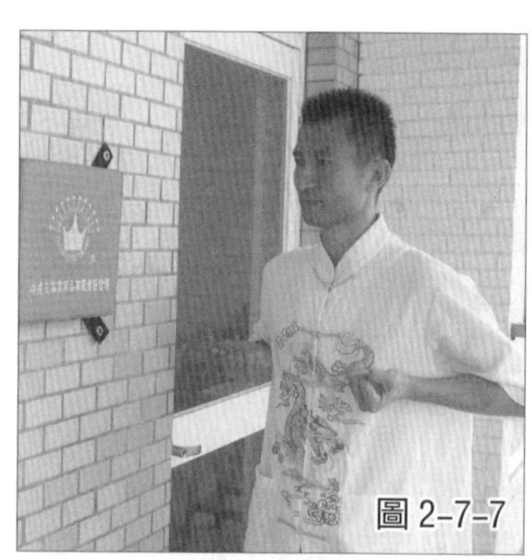

圖 2–7–7

將左掌根快速乾脆地打在牆壁靶的中心處，此時右手可守護於左肘關節處（圖 2–7–10）。

（圖 2–7–11）為左橫削掌動作的另一個角度示範。

【動作要求】

1. 打擊時仍須與呼氣進

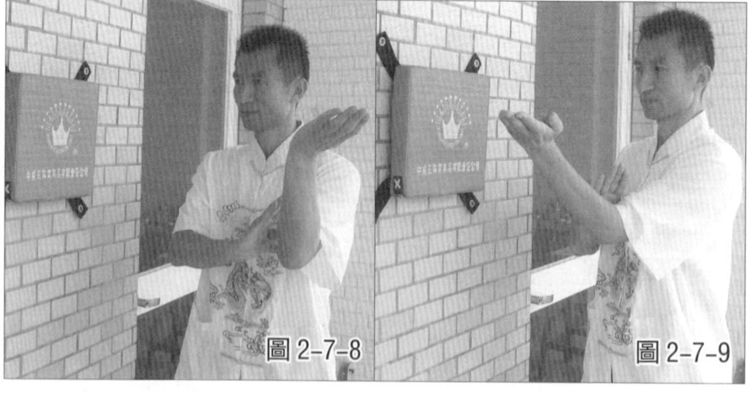

圖 2–7–8　圖 2–7–9

圖 2-7-10　圖 2-7-11

行良好的配合。

2. 手臂須放鬆地打出，並在擊中目標前瞬間才將力果斷發出。

3. 手臂揮起的幅度不可過大，以免浪費寶貴的時間。

【訓練量】

每 10 掌為 1 組，連續打 3～6 組，組與組之間休息 30 秒鐘～1 分鐘。

第三節　詠春拳掌功下擊沙包訓練

用掌向下擊打放在凳子上的沙包或拳靶，不僅在詠春拳中常被應用，即使在傳統的鐵砂掌中，這也是最常用、最重要的訓練手段之一。不同的是，傳統鐵砂掌的練法是將手臂大幅度掄臂向下擊打，而詠春拳則是由短距離用寸勁去乾脆地擊打，即詠春拳的擊打方法根本不用去掄臂，用的是獨有的短勁，而其他武術門派中的大幅度的打法用的是長勁。當然，詠春拳中的這種精巧的寸勁或短勁，更

利於進行近距離的搏擊。

擊打放於面前的沙包或訓練靶，在地心吸引力的作用下，可將你的打擊速度及威力發揮至極限狀態。不過，在進行正式練習之前，還有以下幾點需要謹記：

第一、手臂不可大幅度掄臂去擊打。

第二、手臂須以較短的距離去擊打，即重點發展的是短距離的寸勁或瞬間爆炸力，而不是長勁。

第三、向下擊打時肩部及身體不可隨之擺動，以免破壞本門特有的用力方式。

第四、所有的打擊動作均須沿中線乾脆地打出，不可用蠻力與死力。

一、正面下拍練習

主要是將手掌以掌心向下的狀態，而以掌根為主要發力點向下短距離擊打沙包或拳靶的訓練方法。

(一)右掌練習

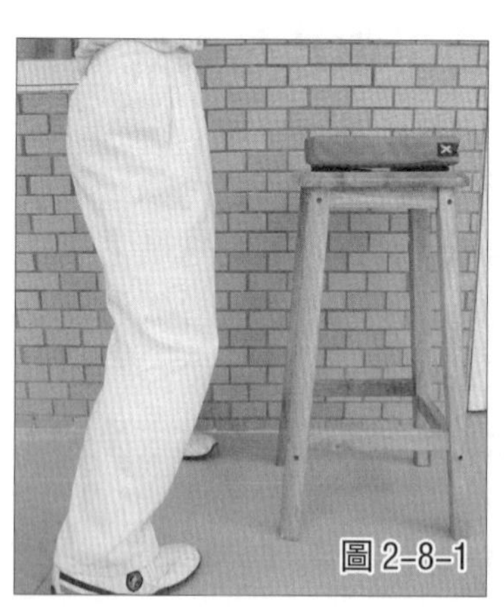

圖 2-8-1

【動作要領】

先以二字箝羊馬站好，並將沙包或訓練靶放於面前的凳上（圖 2-8-1）。

訓練時，兩拳置於胸側，目視前下方（圖 2-8-2）；

隨後，將右掌向正前方伸出，並位於中線上，此時右掌

圖 2-8-2

圖 2-8-3

圖 2-8-4

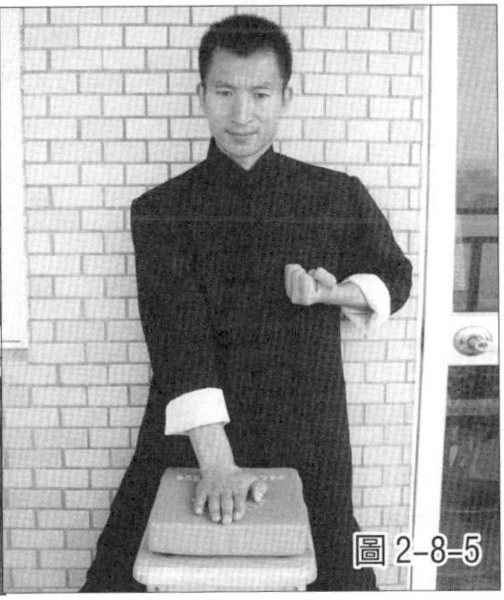

圖 2-8-5

心向下，使掌根對準下面的沙包（圖 2-8-3）；

在身體不晃動的情況下，將右掌放鬆地向下打出（圖 2-8-4）；

以右掌根為發力點加快速度擊中了靶的中央部位（圖 2-8-5）。

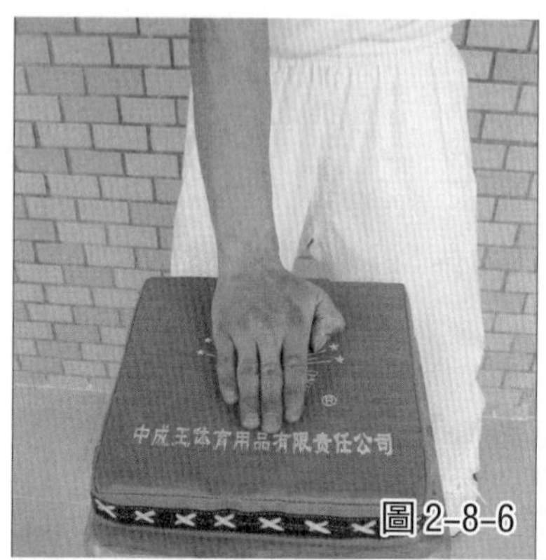

圖2-8-6

（圖 2-8-6）為右掌擊中訓練靶時的近距離示範。

（圖 2-8-7、8）為右掌向下打擊過程中的錯誤動作示範，也就是在打擊時將手臂掄得太大，這樣便在無形中延長了攻擊距離。

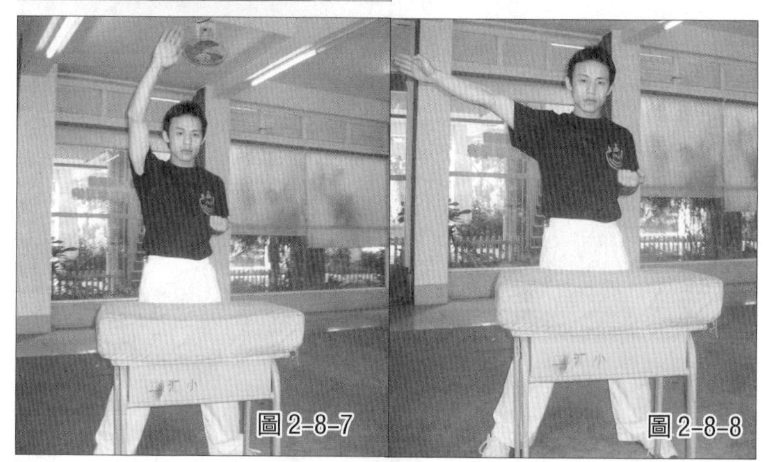
圖2-8-7　圖2-8-8

（圖 2-8-9～12）為右掌向下打擊過程中的側面示範動作，此時仍須平心靜氣地去擊打。

【動作要求】

1. 手臂要放鬆地向下擊打，並在擊中目標前的瞬間加快速度，即以加速度原理去短距離快速地擊打。

2. 仍要配合好呼吸去擊打，即在右掌擊中目標的瞬間將氣同時呼出。

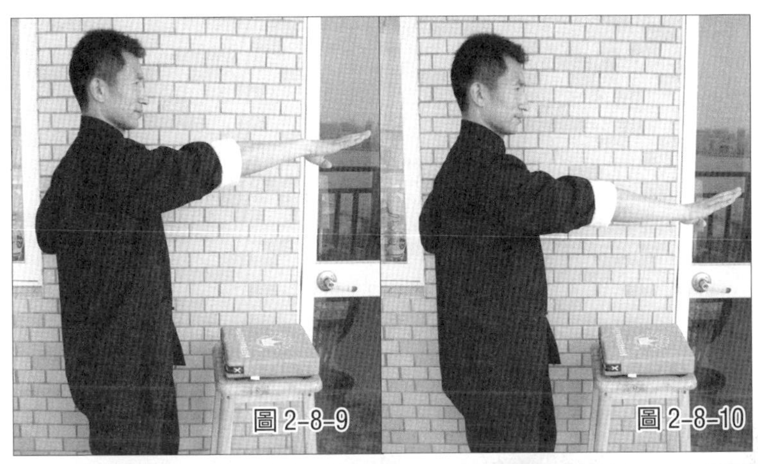

圖 2-8-9　圖 2-8-10

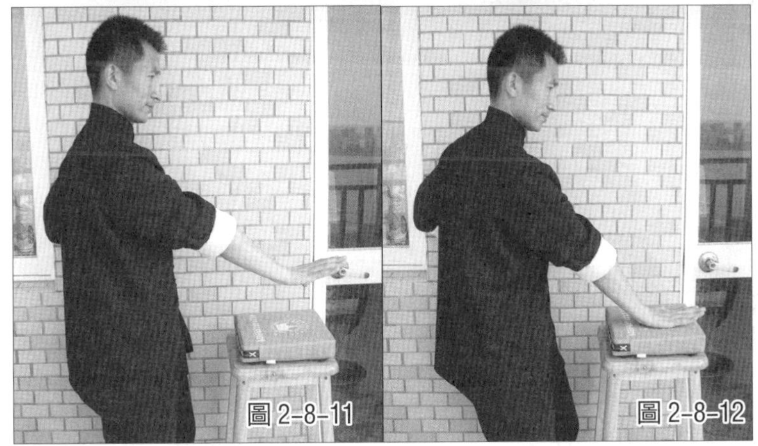

圖 2-8-11　圖 2-8-12

3. 掌根的打擊力道不可僅僅作用在沙包的表面上，而須去穿透沙包或靶。

4. 不可凝力於肩，因為我們不是以肩部去發力。

【訓練量】

每 10 掌為 1 組，連續打 4～9 組，組與組之間休息 30 秒鐘～1 分鐘。

(二)左掌練習

【動作要領】

以二字箝羊馬站好，將沙包或訓練靶放於面前的長凳上，將左掌向正前方伸出，位於中線上，此時左掌心朝向下方（圖 2–8–13）；

圖2-8-13

在身體不晃動的情況下，將左掌放鬆地向下打出（圖 2–8–14）；

左掌須沿中線快速的向下打出（圖 2–8–15）；

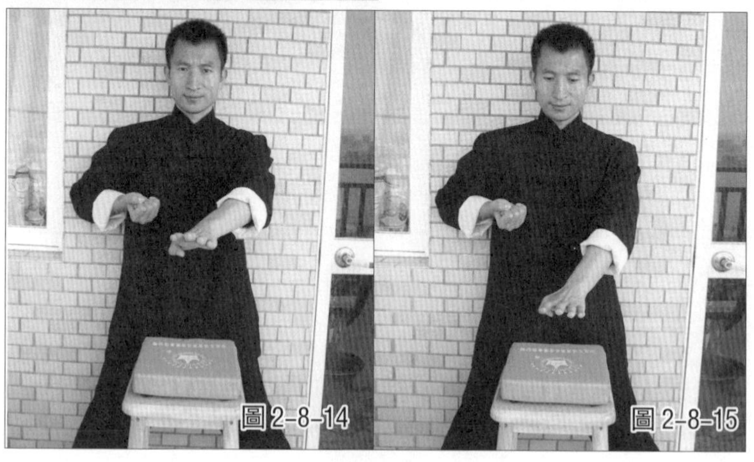

圖2-8-14 圖2-8-15

最後，以左掌根為發力點而快速擊中了訓練靶（圖 2-8-16）。

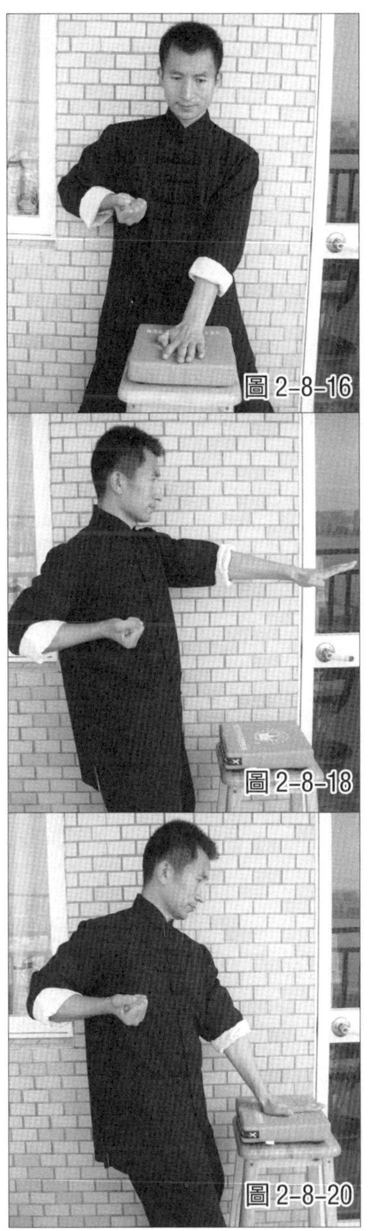
圖 2-8-16
圖 2-8-18
圖 2-8-20

（圖 2-8-17～20）為左掌向下打擊過程中的側面示範動作。

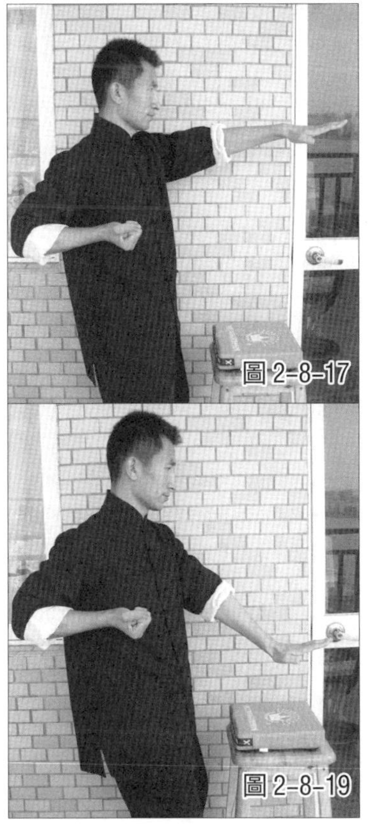
圖 2-8-17
圖 2-8-19

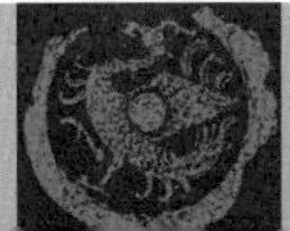

圖 2-8-21

（圖 2-8-21）為左掌向下打擊過程中的近距離示範動作。

【動作要求】

1. 左掌向下打擊時身體不要動，更不要掄臂擊打。

2. 手臂要放鬆地向下擊打，並以加速度原理完成動作。

3. 要配合好呼吸去擊打，即在左掌向下擊中目標的瞬間才將氣同時呼出，以氣助力。

4. 只有在擊中沙包的瞬間才果斷用力，不可用力太早。

【訓練量】

每 10 掌為 1 組，連續打 4～9 組。練習時，也可以先打右掌 1 組，再打左掌 1 組，然後又是右掌 1 組，循環進行訓練。

二、掌刀下劈練習

主要練習以掌刀向下劈擊的動作，磨練以手掌進行劈擊時的殺傷威力。

通常在其他武術門派中展示威力的最好方法也是以掌刀進行快速劈擊，例如，空手道、跆拳道以及北少林拳中就常用掌刀來劈碎磚塊等，因為以掌刀下劈沙包是增強打擊威力很重要的訓練手段之一。

(一)右掌練習

【動作要領】

先以二字箝羊馬站好，將沙包或拳靶放於面前的長凳上，右掌向正前方伸出於中線上，此時右掌心朝向左側，而手指則朝向前方（圖 2-9-1）。

在身體不晃動的情況下，以右掌根（掌刀）發力，放鬆地向下打出（圖 2-9-2）；

右掌向下打出時與呼氣進行配合（圖 2-9-3）；

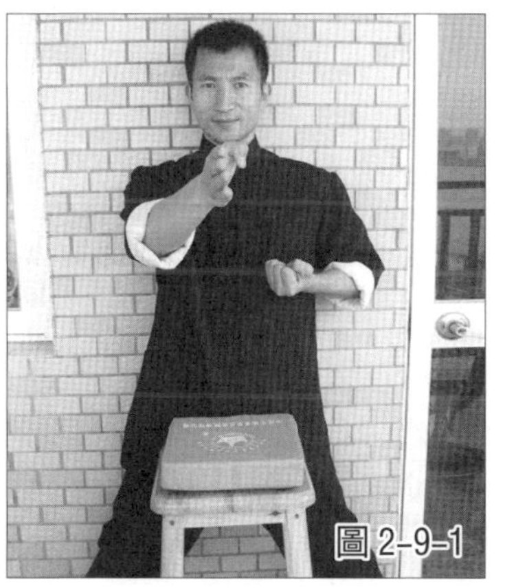

圖 2-9-1

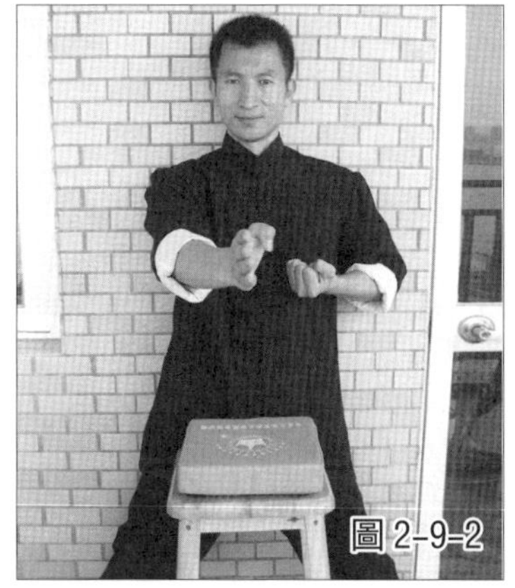

圖 2-9-2

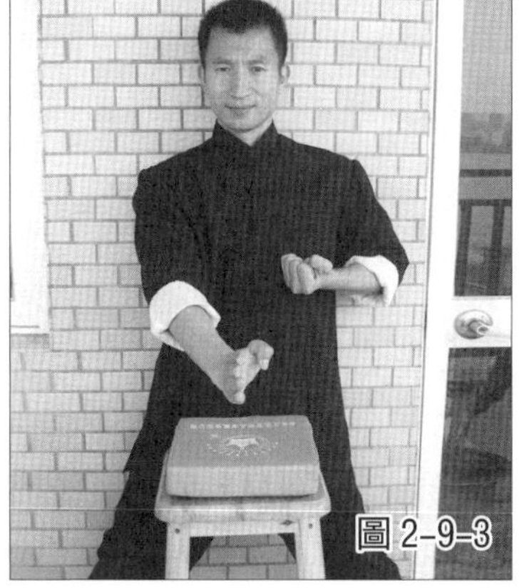

圖 2-9-3

以右掌根為著力點加快速度擊中了靶的中央部位（圖2-9-4）。

（圖 2-9-5）為右掌刀向下劈中沙包或訓練靶時的近距離示範。

（圖 2-9-6～9）為右掌刀向下劈擊沙包時的側面示範。

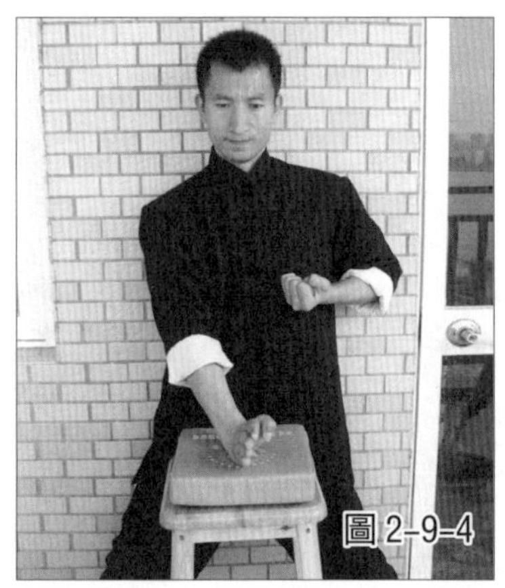

圖2-9-4

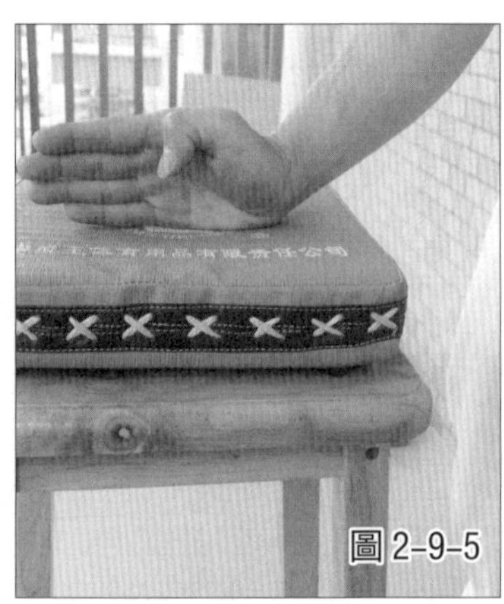

圖2-9-5

圖2-9-6

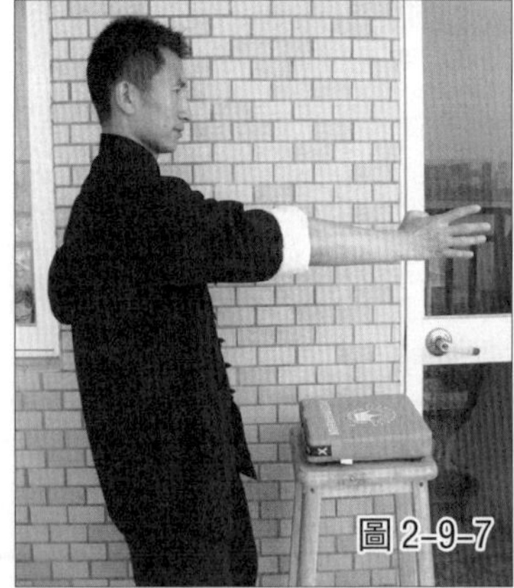

圖2-9-7

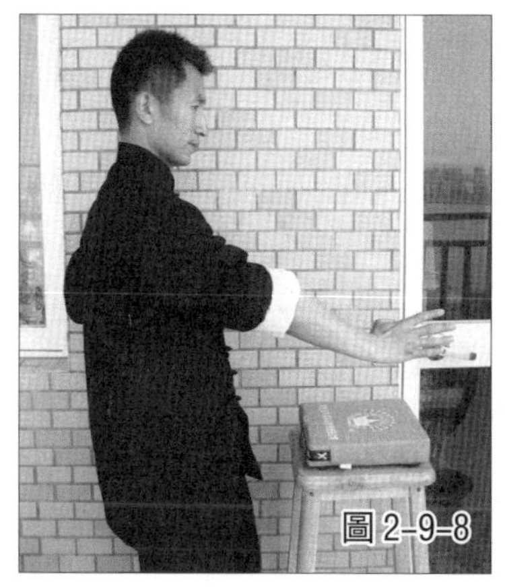
圖 2-9-8

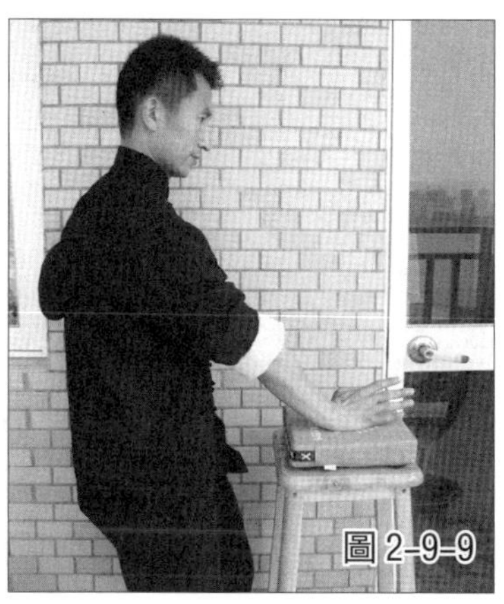
圖 2-9-9

【動作要求】

1. 右掌向下劈擊時身體不要動，更不得將手臂掄起去劈擊，以免影響寸勁的運用。

2. 手臂要放鬆地向下擊打，並在擊中目標前的瞬間加快速度。

3. 配合好呼氣去擊打，並在擊中訓練靶的瞬間才果斷用力。

【訓練量】

每 10 掌為 1 組，連續打 4～9 組，組與組之間休息 30 秒鐘～1 分鐘。

(二)左掌練習

【動作要領】

先以二字箝羊馬站好，左掌向正前方伸出於中線上，此時左掌心朝向右側，手指則朝向前方（圖 2-9-10）。

在身體不晃動的情況下，以左掌根（掌刀）發力放鬆

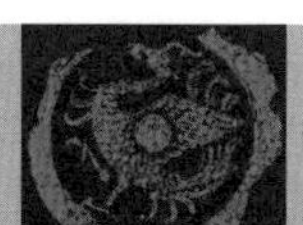

圖2-9-10

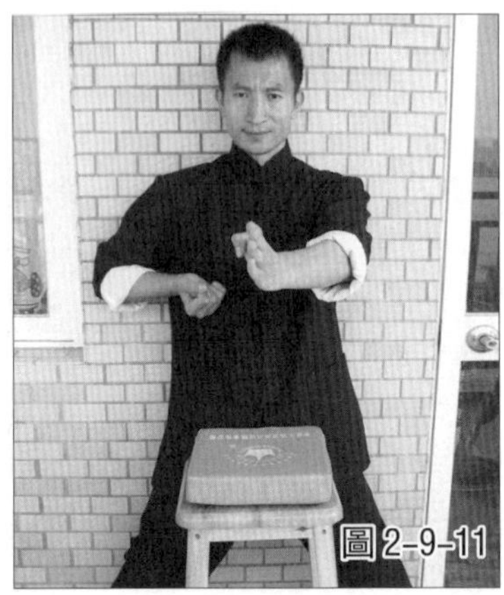
圖2-9-11

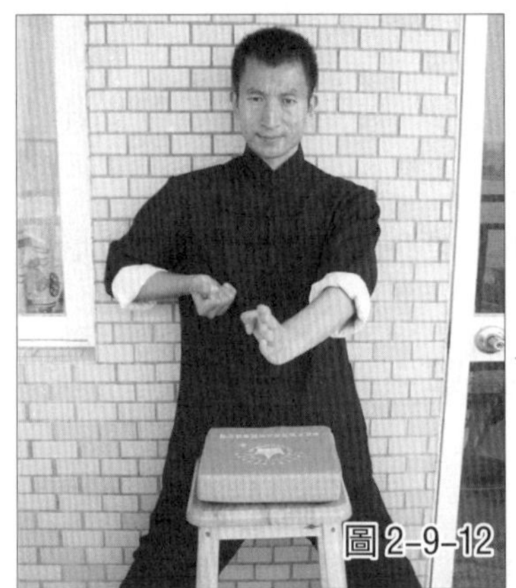
圖2-9-12

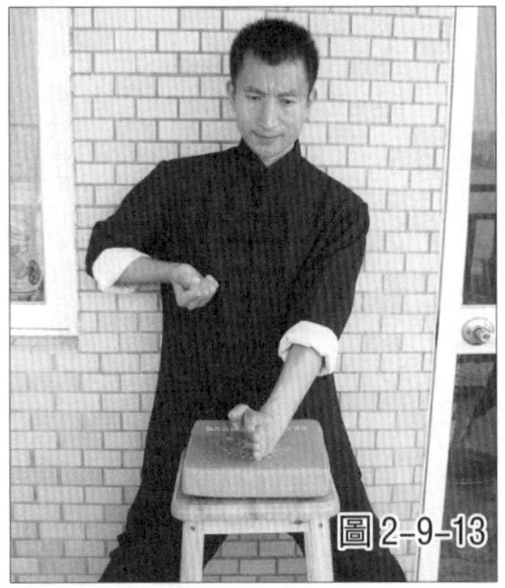
圖2-9-13

地向下打出（圖 2-9-11）；

左掌向下打出時與呼氣配合（圖 2-9-12）；

以左掌根（掌刀）為發力點加快速度擊中了訓練靶（圖 2-9-13）。

（圖 2-9-14）為左掌向下打擊過程中的近距離示範，此時仍用瞬間的寸勁果斷地擊打。

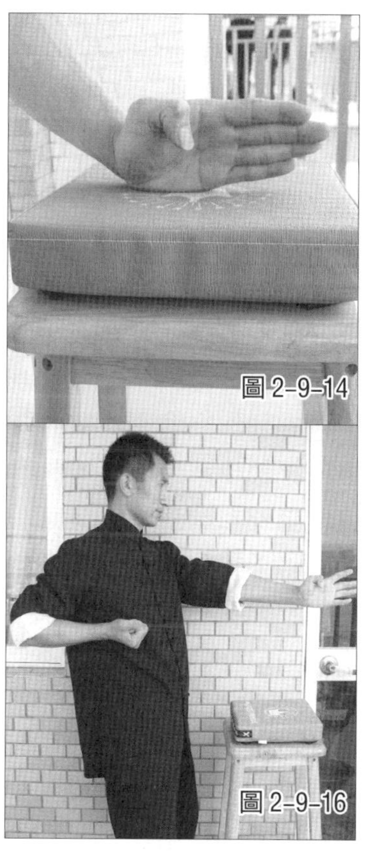

圖 2-9-14

圖 2-9-16

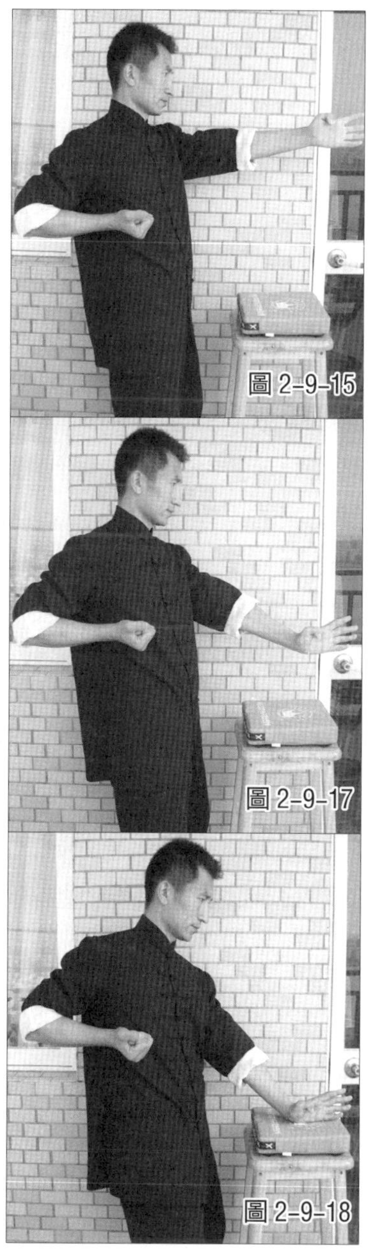

圖 2-9-15

圖 2-9-17

圖 2-9-18

（圖 2-9-15～18）為左掌向下劈擊過程中的側面示範動作。

【動作要求】

1. 左掌向下打擊時要用脆勁，而不是掄臂擊打。

2. 手臂要放鬆地用加速度原理完成擊打動作。

3. 要配合好呼氣向下劈擊，達到以氣助力的目的。

【訓練量】

每10掌為1組，連續打4～9組。具體練習時，也可以先打右掌1組，再打左掌1組，然後又是右掌1組，循環進行訓練。

三、掌背下擊練習

主要是以掌背側向下擊打沙包的動作來磨礪此處的打擊威力。這一動作在現代搏擊中已經較少運用了，因此不是訓練的重點，在詠春拳中也只在第一套拳法「小念頭」的前面有這一動作的練習，也就是將手背勾起而近腕關節處去打擊對方的下巴部位。

既然是有這一動作，我們還是要相應地練習。

(一)右手練習

【動作要領】

先以二字箝羊馬站好，右掌向正前方伸出於中線上，此時右掌心朝向上側，也就是手背朝下（圖2-10-1）。

在身體不動的情況下，以右掌背發力，放鬆地向下打出（圖2-10-2）；

右手向下打出時與呼氣進行配合（圖2-10-3）；

右掌背側乾脆地擊中了靶的中央部位（圖2-10-4）。

（圖2-10-5）為右掌背向下打擊時的近距離示範，此時的發力點不是在手指，因為手指向下打擊的動作不可能產生太大的殺傷威力。

圖2-10-1

圖2-10-2

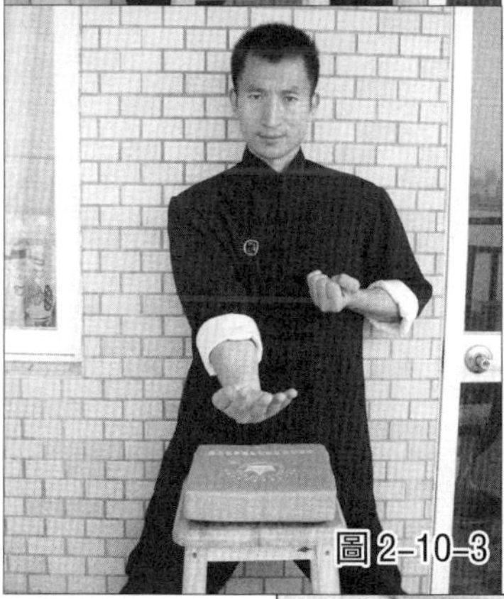

圖2-10-3

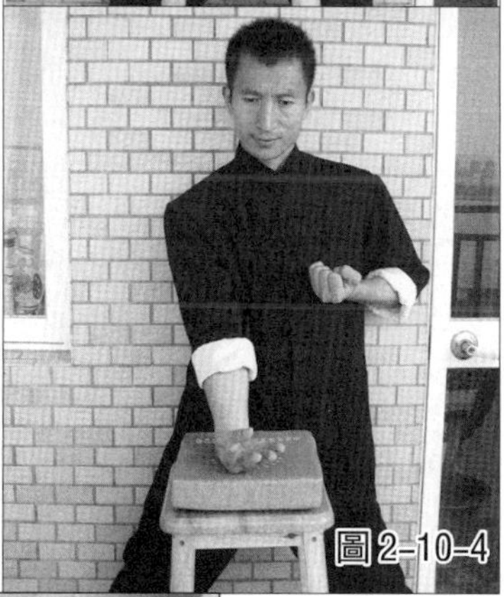

圖2-10-4

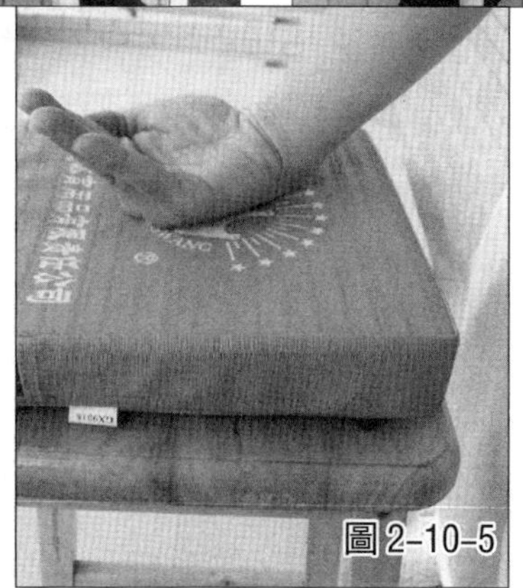

圖2-10-5

（圖 2-10-6～9）為右掌背向下打擊沙包時的側面示範。

【動作要求】

1. 要配合好呼吸去擊打，即在右掌背側向下擊中目標的瞬間才將氣同時呼出。

2. 只有在擊中訓練靶的瞬間才果斷用力，不可用力太早。

圖 2-10-6

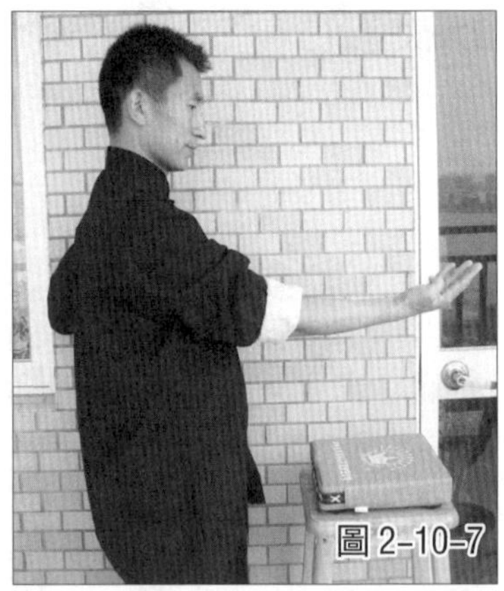

圖 2-10-7

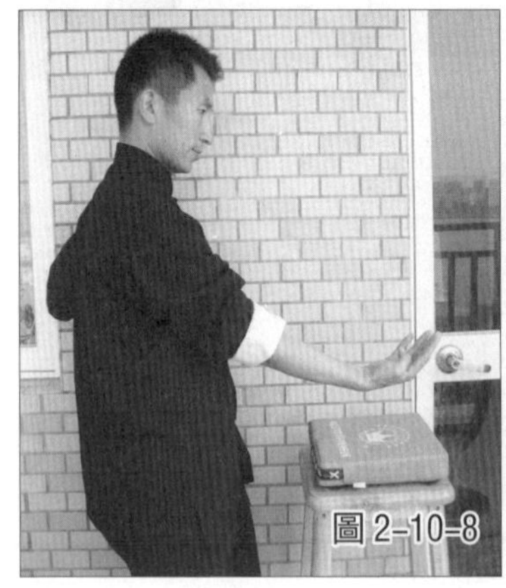

圖 2-10-8

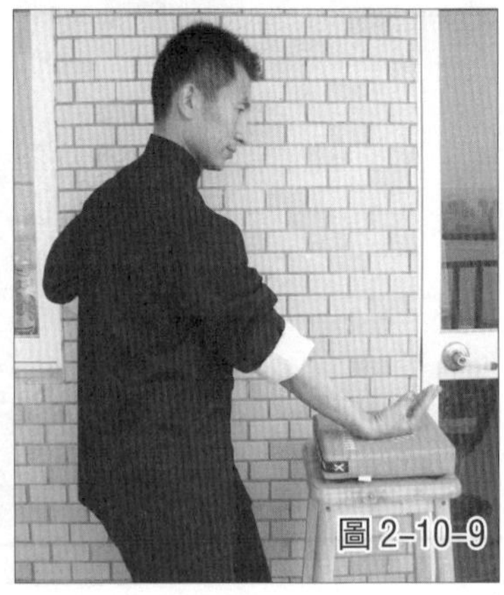

圖 2-10-9

【訓練量】

每 10 掌為 1 組，連續打 4～9 組，組與組之間休息 30 秒鐘～1 分鐘。

(二)左手練習

【動作要領】

以二字箝羊馬站好，左掌向正前方伸出於中線上，此時左掌心朝向上側，左手背則朝向下側（圖 2－10－10）。

接下來，以左掌背發力放鬆地向下打出（圖 2－10－11）；

左掌向下打出時須與呼氣配合（圖 2－10－12）；

圖 2-10-10

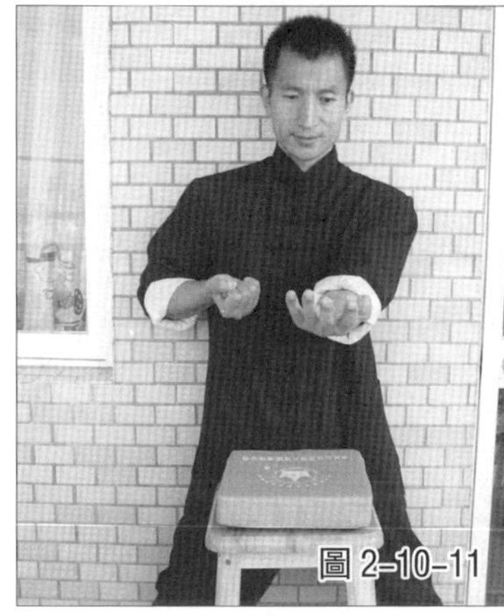

圖 2-10-11

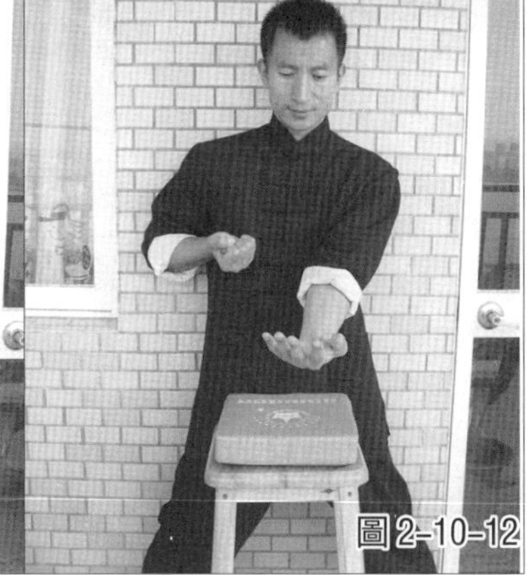

圖 2-10-12

左掌背側快速地擊中了靶的中央部位（圖 2-10-13）。

（圖 2-10-14～17）為左掌背側向下打擊的側面示範動作，仍須用寸勁去擊打。

【動作要求】

1. 左掌向下打擊時要用脆動，而不是掄臂擊打。

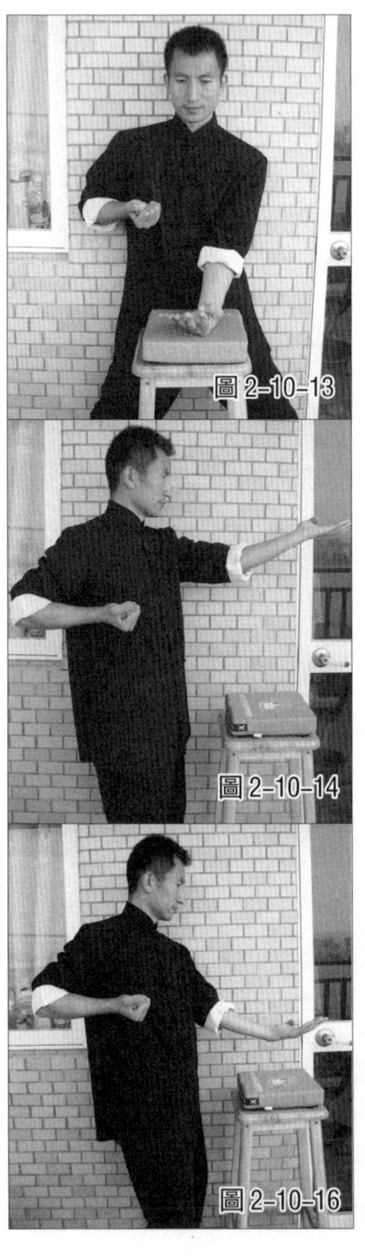

圖 2-10-13

圖 2-10-14

圖 2-10-16

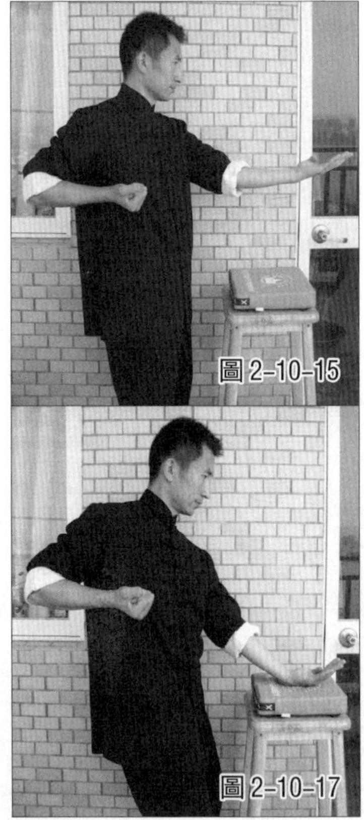

圖 2-10-15

圖 2-10-17

2. 左掌向下打擊時仍須與呼氣去配合，以氣助力。

【訓練量】

每 10 掌為 1 組，連續打 4～9 組。練習時，也可以先打右掌 1 組，再打左掌 1 組，然後又是右掌 1 組，循環進行訓練。

注：用手掌向下擊打沙包或訓練靶的方法還有很多，因篇幅所限，僅介紹最常用的三種，其他的方法如手指下插、掌根立掌下擊等就不介紹了，讀者可舉一反三地適當練習。

第四節　詠春拳掌功擊打沙包訓練

在任何以搏擊為目的武術中，擊打沙包訓練都可稱得上是最重要的功力訓練手段，起碼也可以說是不可缺少的訓練手段之一。因為這種訓練手段除了能練出其他訓練技巧所具有的殺傷威力，還在靈活性上更佔優勢，這是因為固定在牆上或凳子上的沙包畢竟是「死」的，而懸掛著的沙包在相比之下卻是「活」的，所以擊打這種「活」的目標，可使你增強實戰意識以及靈活變化的能力。

在進行正式練習之前，仍有以下幾個要點需要謹記：

第一、手臂須放鬆地打出，以免影響到快速度的發揮以及寸勁的發放。

第二、手臂不可大幅度掄臂去擊打，否則就不是詠春拳的練法了。

第三、手臂須由較短的距離去擊打，即我們所要重點

發展的是短距離的瞬間爆炸力，而不是長勁。

一、正掌打擊沙包練習

主要由反覆擊打沙包來不斷強化正掌的殺傷威力，進一步改進動作，使之能真正適應實戰搏擊的需要。

(一)右掌練習

【動作要領】

面對沙包以二字箝羊馬站好，兩拳置於胸側，目視正前方（圖 2–11–1）；

隨後，在呼氣的同時，將右掌由中線果斷打出（圖 2–11–2）；

在身體不晃動的情況下，以右掌根用力，將右掌放鬆地打出（圖 2–11–3）；

右掌沿直線向正前方擊中了沙包的中央部位（圖 2–11–4）。

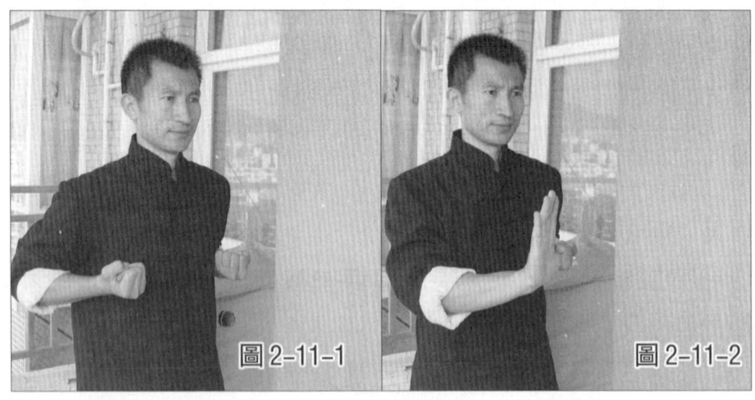

圖 2-11-1　圖 2-11-2

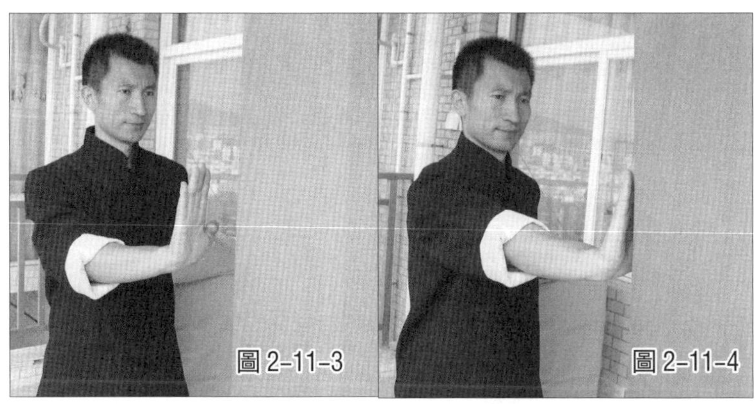
圖 2-11-3　圖 2-11-4

（圖 2-11-5）為右掌擊中沙包時的正面近距離示範。

（圖 2-11-6～9）為右掌擊中沙包時的另一個角度示範。

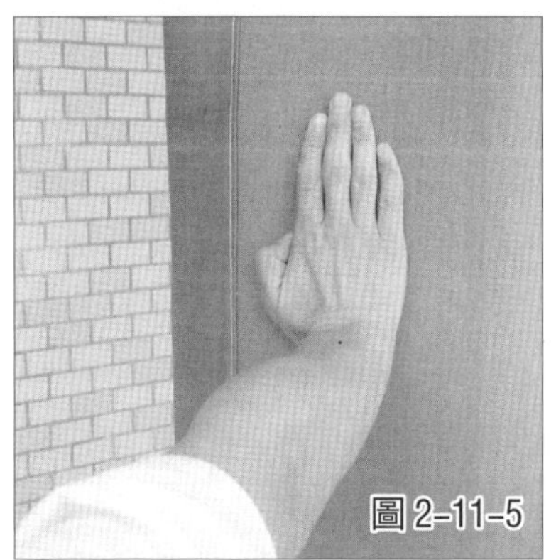
圖 2-11-5

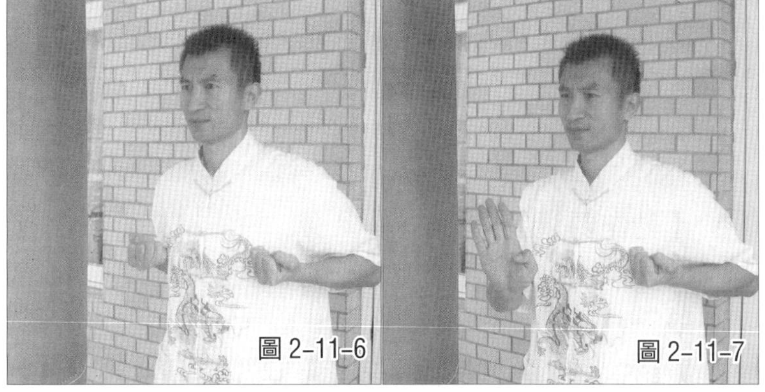
圖 2-11-6　圖 2-11-7

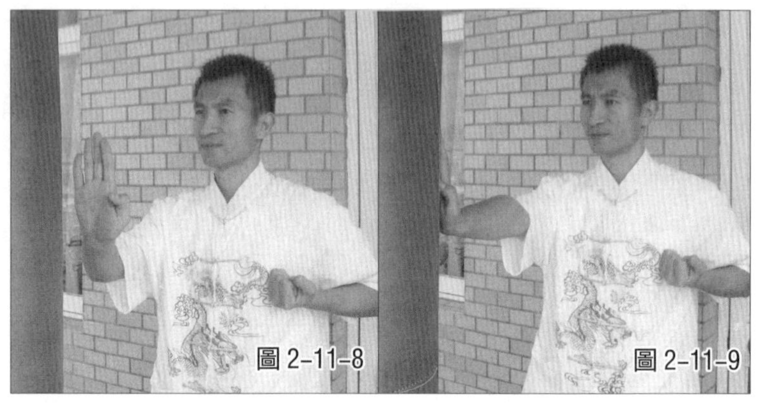

圖 2-11-8　圖 2-11-9

【動作要求】

1. 要用短距離的「寸勁」去快速的擊打。

2. 要配合好呼吸去打擊，以便將打擊的威力發揮至極限。

3. 只有在擊中沙包的瞬間才果斷用力，不可用力太早，以免變成推力。

4. 掌一定要打擊沙包的中央部位，以免因打偏而挫傷手腕。

【訓練量】

每 10 掌為 1 組，連續打 3～6 組，組與組之間休息 30 秒鐘～1 分鐘。

(二)左掌練習

【動作要領】

面對沙包以二字箝羊馬站好，兩拳置於胸側，目視前方（圖 2-11-10）；

隨後，在呼氣的同時，將左掌由中線果斷打出（圖

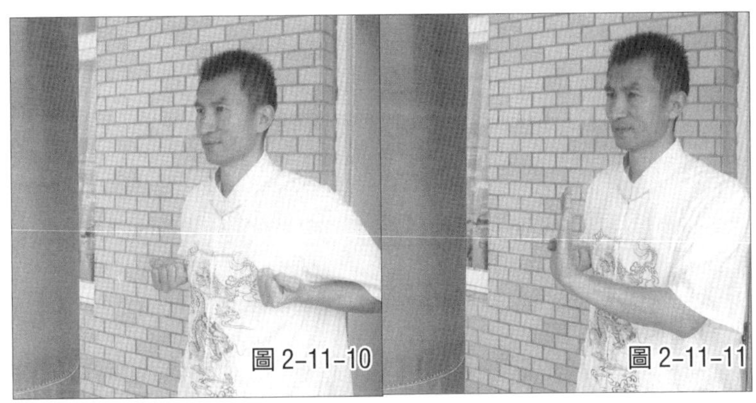

圖 2-11-10　圖 2-11-11

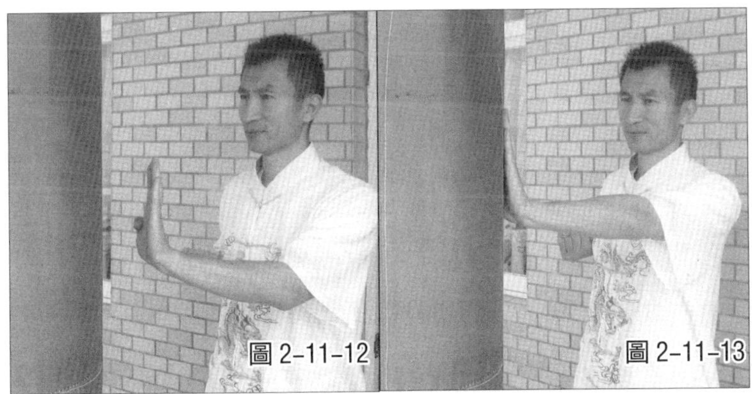

圖 2-11-12　圖 2-11-13

2-11-11）；

將左掌沿中線快速地打出（圖 2-11-12）；

左掌沿直線向正前方擊中沙包的中央部位（圖 2-11-13）。

（圖 2-11-14）為左掌擊中沙包時的正面近距離示

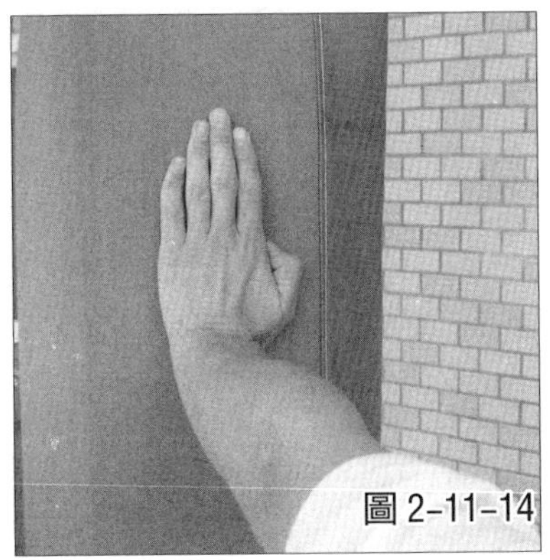

圖 2-11-14

範。

【動作要求】

1. 左掌打出時，整個身體及肩膀要放鬆，以便最大限度地釋放出應有的爆炸力來。

2. 配合呼氣去出掌，只有在擊中沙包的瞬間才果斷用力。

【訓練量】

每 10 掌為 1 組，連續打 3～6 組，組與組之間休息 30 秒鐘～1 分鐘。

(三) 正掌連環打擊沙包練習

眾所周知，連環掌擊是正面的搶攻手段之一，所以我們需要多花時間去不斷地強化它。

【動作要領】

以詠春拳的正身二字箝羊馬站好（圖 2-11-15）。

先將右掌歸中，此時身體不動（圖 2-11-16）；

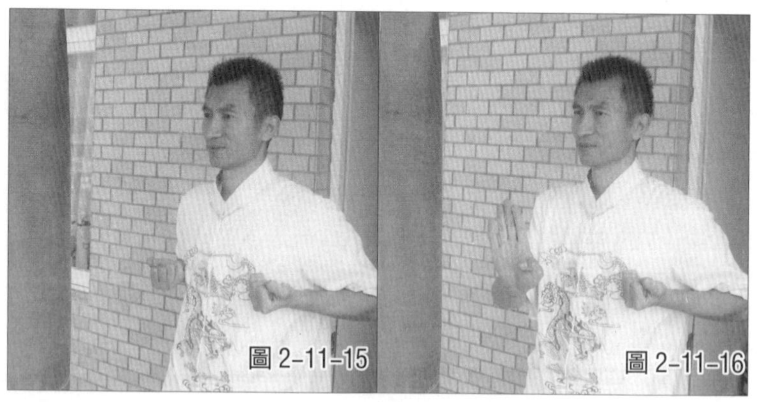

圖 2-11-15　圖 2-11-16

將右掌沿著中線向正前方快速的打出（圖 2-11-17）；

將右掌向前方打至臂直狀態為止，此時須與呼氣進行配合（圖 2-11-18）。

接下來，在右掌打完回收時，將左掌從右掌的上側打出（圖 2-11-19）；

左掌徑直向前方打出（圖 2-11-20）；

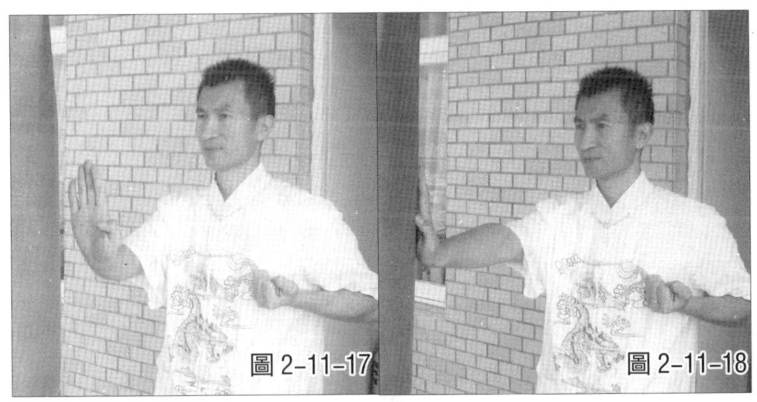

圖 2-11-17　圖 2-11-18

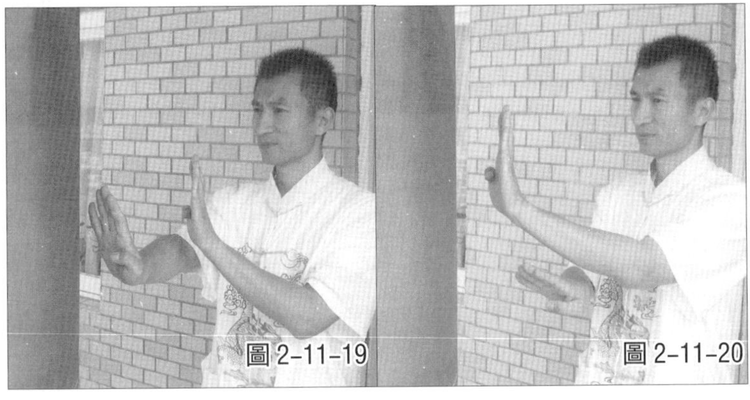

圖 2-11-19　圖 2-11-20

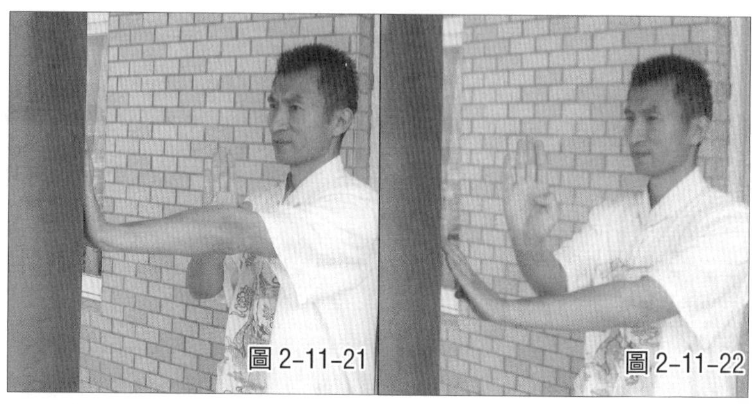
圖 2-11-21　圖 2-11-22

圖 2-11-23

直至將左臂向前打直為止，此時必須將右掌護於左肘處（圖 2-11-21）；

隨之，再將右掌從左掌上方果斷打出（圖 2-11-22）；

須將右掌沿著中線快速地打出（圖 2-11-23）；

將右掌向前方打出時與呼氣進行配合（圖 2-11-24）；

直至將右臂向前打直為止（圖 2-11-25）。

【注意】

你也可以根據實際情況去打五掌連擊，或者七掌連擊。

【動作要求】

1. 出掌時身體不可隨之擺動，要慢慢體會震盪力的運用。

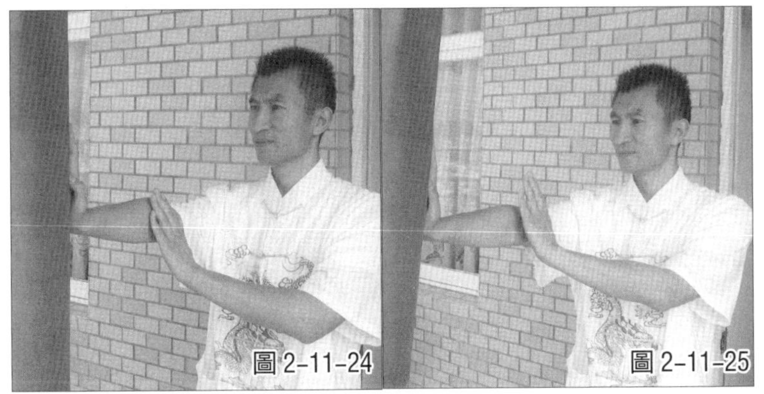
圖 2-11-24　圖 2-11-25

2. 每一掌均是從自己的手腕上方打出，這樣可做到守中用中。

【訓練量】

可每打三掌為一個完整的動作，連續打 3 至 5 個「三掌」為 1 組，連續打 3～6 組。具體訓練時，可以先打 1 組右掌動作，再打 1 組左掌，循環進行訓練，全面發展自己。

二、側（鏟）掌擊打沙包練習

透過反覆擊打沙包的訓練來進一步強化側掌的打擊威力，以及增強其靈活性。

(一) 右掌練習

【動作要領】

由正身二字箝羊馬開始，雙拳放於胸側，目視前方（圖 2-12-1）；

先將右掌移向體前的中心線，並使掌心朝向前方，手

圖 2-12-1　圖 2-12-2

圖 2-12-3　圖 2-12-4

指朝向右側（圖 2-12-2）；

在呼氣的同時力達掌根，將右掌沿中線向前方打出（圖 2-12-3）；

將手臂打直的同時，剛猛的寸勁也剛好發放出來（圖 2-12-4）。

【動作要求】

1. 手臂須放鬆地打出，以保證寸勁的最佳發揮。

2. 打出右掌時肩部與身體不可隨之擺動。

3. 要充分利用加速度原理將側掌的強大殺傷力發揮至極限。

【訓練量】

每 10 掌為 1 組，連續打 3～6 組，組與組之間休息 30 秒鐘～1 分鐘。

(二)左掌練習

【動作要領】

由正身二字箝羊馬開始，雙拳放於胸側，目視前方（圖 2-12-5）；

先將左掌移向體前中心線，並使掌心朝向前方（圖 2-12-6）；

在呼氣的同時將左掌根沿中心線快速地向正前方打出（圖 2-12-7）；

圖 2-12-5

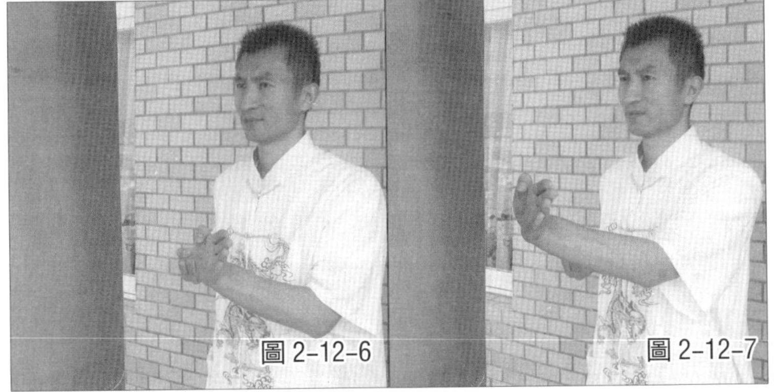

圖 2-12-6　圖 2-12-7

圖 2-12-8

力達掌根，準確地擊中目標（圖 2-12-8）。

【動作要求】

1. 仍須發揮加速度，提高打擊的品質與效果。

2. 每打出一掌均須與呼氣進行配合。

【訓練量】

每 10 掌為 1 組，連續打 3～6 組，組與組之間休息 30 秒鐘～1 分鐘。

三、剎掌擊打沙包練習

主要是以右掌或左掌反覆擊打沙包的動作，進一步強化該掌法的強大殺傷威力，以及靈活地擊打運動中目標的能力。

(一)右掌練習

【動作要領】

由正身二字箝羊馬開始，雙拳放於胸側，目視前方（圖 2-13-1）；

邊將右掌移向中心線，邊將右掌向前方快速打出，此時右手心向下，右手指朝向左側（圖 2-13-2）；

在呼氣的同時將右掌根徑直向正前方打出（圖 2-13-3）；

力達掌根，並將勁力乾脆地發出（圖 2-13-4）。

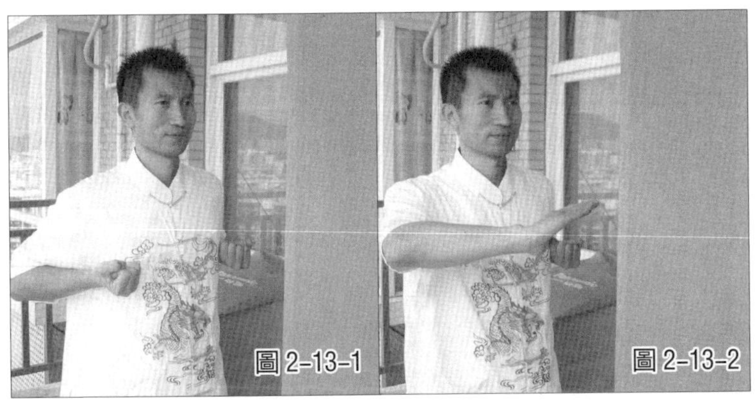

圖 2-13-1　圖 2-13-2

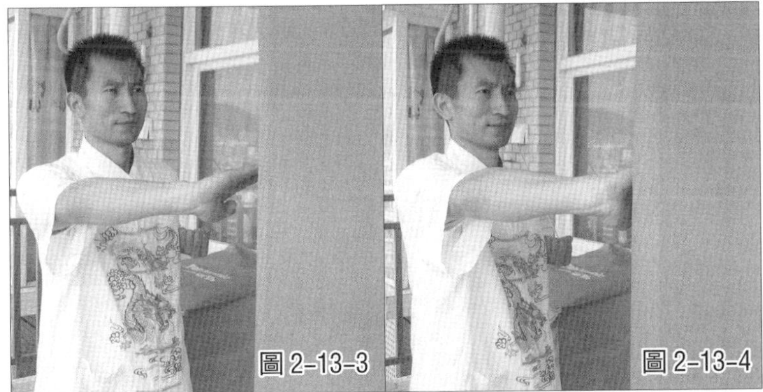

圖 2-13-3　圖 2-13-4

（圖 2-13-5～8）為右掌打擊沙包時的另一個角度示範。

圖 2-13-5

【動作要求】

1. 右掌打擊時須與呼氣進行配合。

2. 手臂須放鬆地打出，以保證寸勁的最佳發揮。

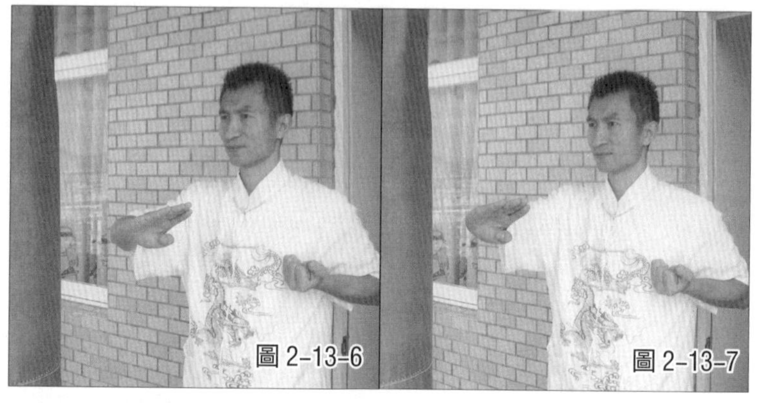

圖 2-13-6　圖 2-13-7

圖 2-13-8

3. 只有在掌擊中目標前的瞬間才可突然用力，不可用力太早。

【訓練量】

每 10 掌為 1 組，連續打 3～6 組，組與組之間休息 30 秒鐘～1 分鐘。

(二)左掌練習

【動作要領】

由正身二字箝羊馬開始，雙拳放於胸側，目視前方（圖 2-13-9）；

先將左掌移向體前的中心線，使掌心朝向下方（圖 2-13-10）；

在呼氣的同時將左掌根沿中心線快速地向正前方打出

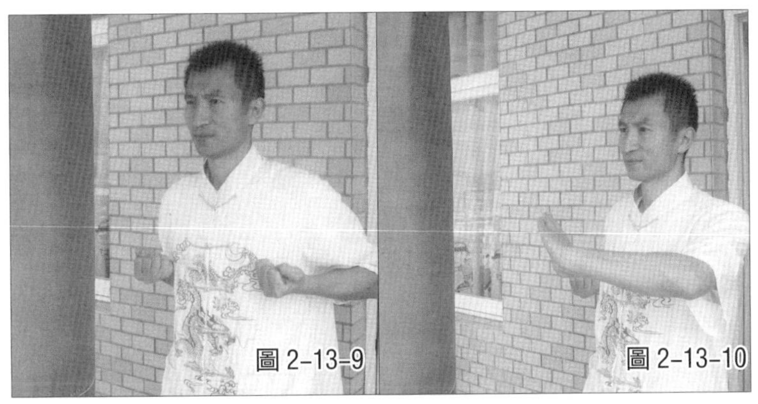

圖 2-13-9　圖 2-13-10

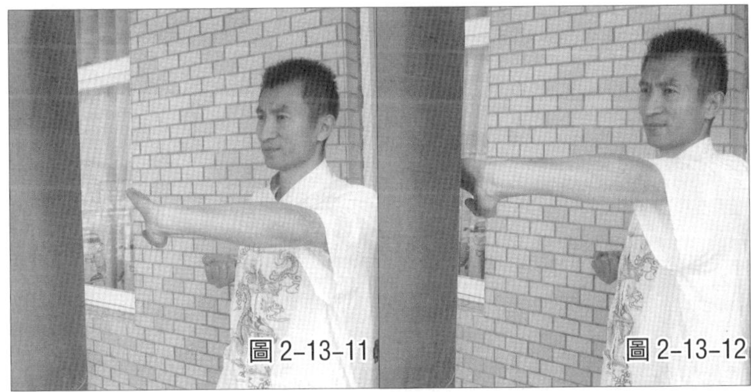

圖 2-13-11　圖 2-13-12

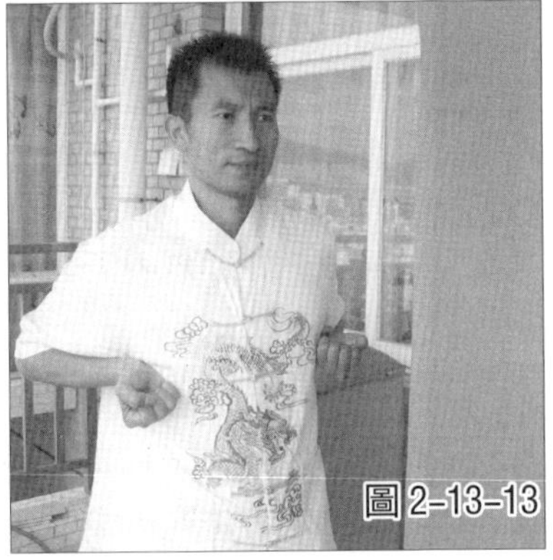

圖 2-13-13

（圖 2-13-11）；

力達掌根，將力量於瞬間果斷地發出（圖 2-13-12）。

（圖 2-13-13～16）為左掌打擊沙包的時的另一個角度示範。此時仍須與呼氣進行良好的配合。

圖 2-13-14　圖 2-13-15

圖 2-13-16

【動作要求】

1. 慢慢體會瞬間爆炸力的發揮與應用。

2. 掌須放鬆地打出，以保證瞬間爆炸力的最佳發揮。

【訓練量】

可每 10 掌為 1 組，連續打 3～6 組。具體訓練時，也可以先打 1 組右掌動作，再打 1 組左掌，循環進行訓練。

四、橫削掌擊打沙包練習

這種掌法使用的機會可能不如其他掌法多，但如能把握住時機，仍屬於一種頗具威脅性的打擊手段，因其主要目標是對方最為薄弱的喉、頸部等致命處，所以殺傷力極

為強悍，可做為其他打擊手段的最好的補充。

(一)右掌練習

【動作要領】

由二字箝羊馬開始，雙拳放於胸側，目視前方的沙包（圖 2-14-1）；

先將右掌向右前方揮劈而出，此時手心斜向前方（圖 2-14-2）；

呼氣的同時力達掌根，橫劈向沙包，動作幅度不可過大（圖 2-14-3）；

將右掌根乾脆地擊中沙包，此時左手護於右肘處（圖 2-14-4）。

（圖 2-14-5）為右橫擊掌擊打沙包的近距離示範。

圖 2-14-1

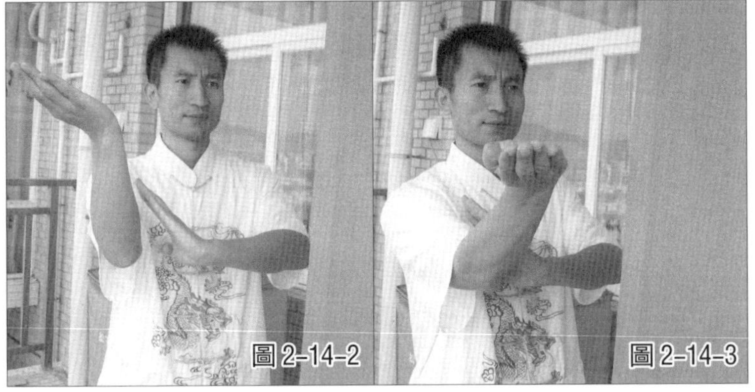

圖 2-14-2　圖 2-14-3

圖 2-14-4　圖 2-14-5

【動作要求】

1. 打擊時仍須與呼氣良好的配合。

2. 手臂須放鬆地打出，以保證寸勁的最佳發揮，同時手臂揮起的幅度不可過大，以免浪費寶貴的時間。

【訓練量】

每 10 掌為 1 組，連續打 3～6 組，組與組之間休息 30 秒鐘～1 分鐘。

(二) 左掌練習

【動作要領】

由二字箝羊馬開始，雙拳放於胸側，目視前方（圖 2-14-6）；

左掌向左前方揮劈而出，此時手心斜向前方（圖 2-14-7）；

呼氣的同時力達掌根橫劈向目標（圖 2-14-8）；

將左掌根快速而乾脆地劈中沙包，此時右手守護於左肘處（圖 2-14-9）。

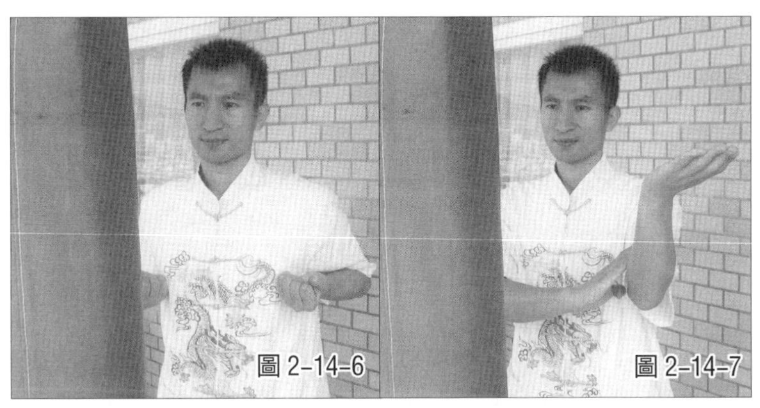

圖 2-14-6　圖 2-14-7

圖 2-14-8　圖 2-14-9

【動作要求】

1. 打擊時須與呼氣良好的配合。

2. 手臂須放鬆地打出，在擊中目標前的瞬間才將力果斷發出，保證寸勁的最佳發揮。

3. 手臂揮起的幅度不可過大，以免延長不必要的攻擊距離。

【訓練量】

每 10 掌為 1 組，連續打 3～6 組。訓練時，先打 1 組

右掌動作，再打 1 組左掌，然後又是 1 組右掌，進行循環訓練。

五、反掃掌擊打沙包練習

反掃掌也叫反劈掌，主要是以儘量短小的弧線動作突然打擊對方的面門、喉嚨、頸脈等要害處，雖然殺傷威力不是最大，但威脅性卻不容忽視，可做為一種強有力的反擊手段去突然重擊對方。

(一)右掌練習

【動作要領】

由二字箝羊馬開始，雙拳放於胸側，目視前方的沙包（圖 2-15-1）；

將右掌由中心線向左前方快速揮出（打擊的目標是再由左方反掃向右側），此時右手心向下，右手指向前（圖 2-15-2）；

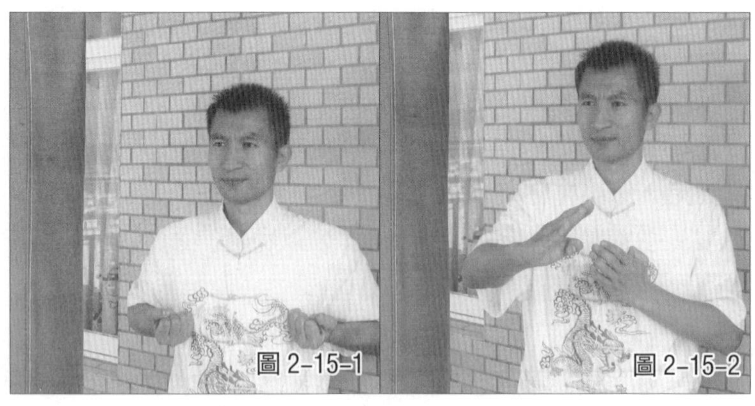

圖 2-15-1　圖 2-15-2

圖 2-15-3　圖 2-15-4

在呼氣的同時，將右掌根沿最簡短的路線向沙包打出（圖 2-15-3）；

力達掌刀（根），並將勁力乾脆地發出（圖 2-15-4）。

（圖 2-15-5）為右掌打擊沙包時的另一個角度示範。

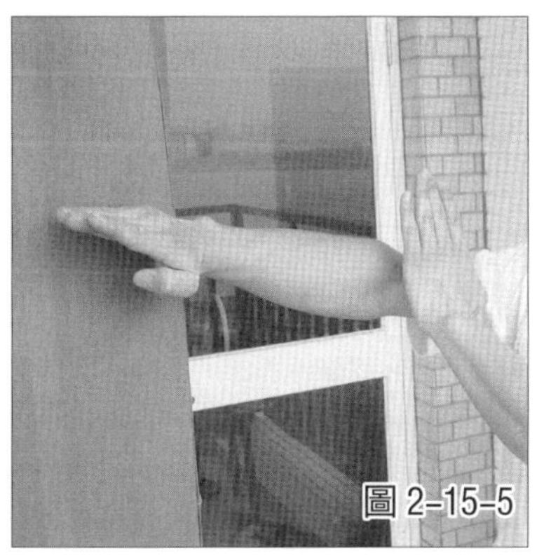

圖 2-15-5

【動作要求】

1. 出掌時須與呼氣配合，仍用短距離的寸勁去打擊。

2. 手臂須放鬆地打出，保證寸勁的最佳發揮。

【訓練量】

每 10 掌為 1 組，連續打 3～6 組，組與組之間休息 30 秒鐘～1 分鐘。

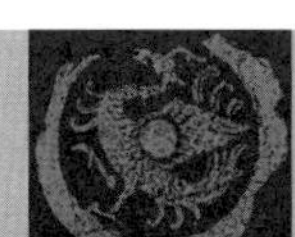

(二)左掌練習

【動作要領】

由二字箝羊馬開始，雙拳放於胸側，目視沙包（圖2-15-6）；

將左掌由中心線向右前方快速揮出（打擊的目標是再由右側反掃向左前側），此時左手心向下（圖2-15-7）；

在呼氣的同時將左掌根沿最簡短的路線打向沙包（圖2-15-8）；

力達掌刀（根），將左掌的勁力乾脆地發出（圖2-15-9）。

【動作要求】

1. 打擊時仍須與呼氣配合，重點體會寸勁的運用。

2. 打擊的勁力須在擊中目標前的瞬間才發出，不可用力太早。

【訓練量】

每10掌為1組，連續打3至6組。訓練時，可以先打

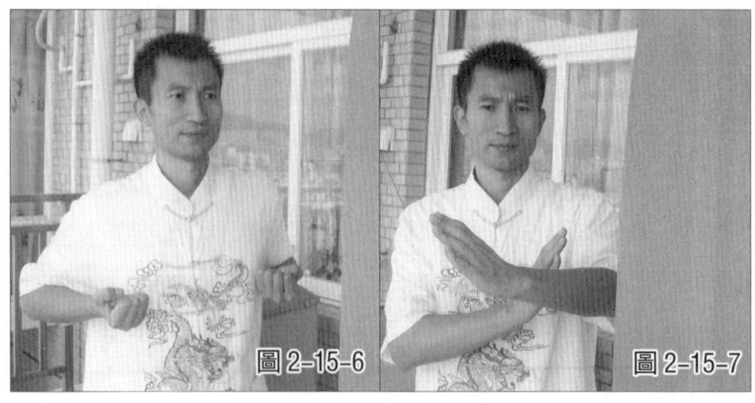
圖2-15-6　圖2-15-7

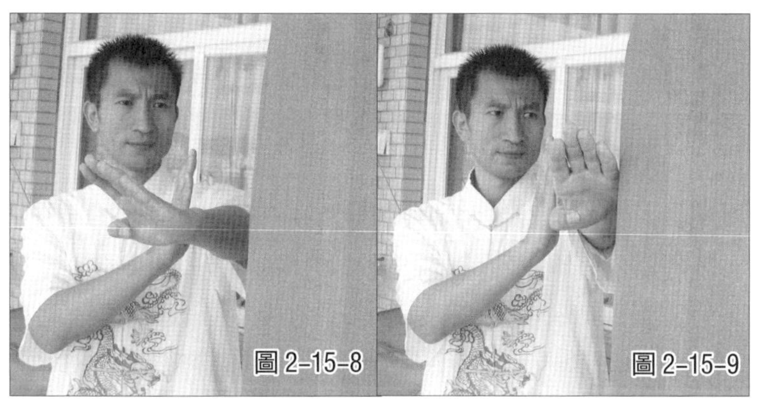
圖 2-15-8　圖 2-15-9

1 組右掌動作，再打 1 組左掌，然後又是 1 組右掌，循環進行訓練。

六、底掌打擊沙包練習

所謂底掌，即手指向下而掌心向前打出的掌法，主要用來打擊對方的腹、肋等薄弱環節處。在詠春拳第一套「小念頭」中有這個練習動作。此掌法雖然殺傷威力不是特別大，但卻因打擊的部位通常都較難防護，因此，在詠春拳中也是不可忽略的掌法之一。

(一)徒手動作定型練習

由徒手的單式練習來掌握正確的基本動作，並進一步將其打擊威力最大限度地發揮出來。

1. 右掌練習

【動作要領】

以二字箝羊馬站好，兩拳置於胸側，目視正前方（圖

2–16–1）；

隨後，在呼氣的同時，將右拳變掌並邊向前方打出，邊將右掌旋轉為手指向下，掌心向前的狀態（圖 2–16–2）；

以右掌根用力將右掌放鬆地打出（圖 2–16–3）；

右掌沿直線向正前方打至臂直狀態（圖 2–16–4）。

（圖 2–16–5～8）為右底掌打擊時的另一個角度示範。

（圖 2–16–9～12）為右底掌在實戰中的應用示範，先

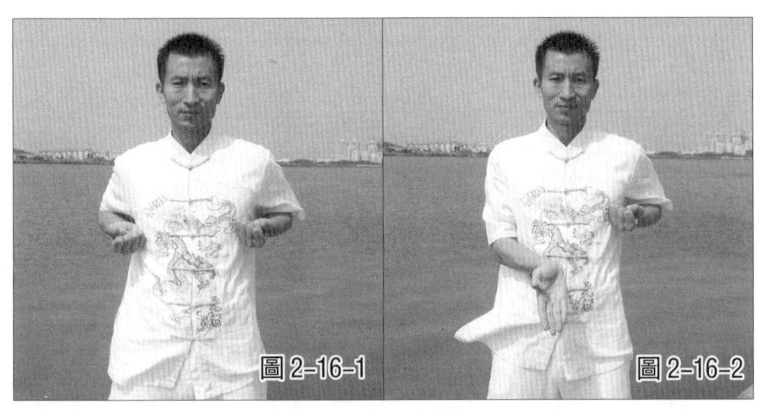

圖 2–16–1　圖 2–16–2

圖 2–16–3　圖 2–16–4

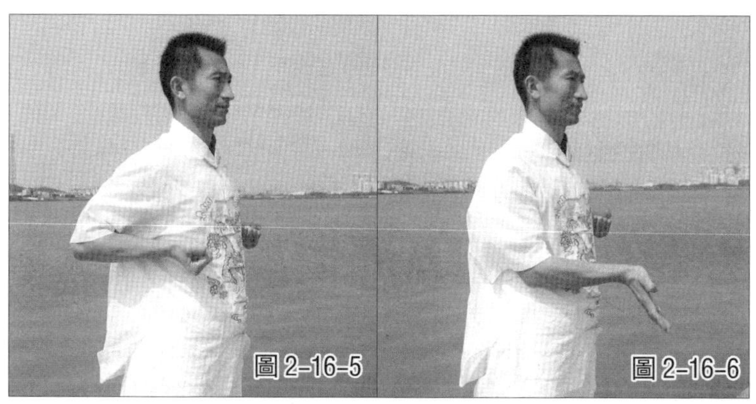

圖 2-16-5　圖 2-16-6

圖 2-16-7　圖 2-16-8

圖 2-16-9　圖 2-16-10

圖 2-16-11　圖 2-16-12

用左手向右側拍開對方攻來的右拳，再同時將右掌快速打向對方的肋骨等薄弱環節，以便花最少的力氣取得最大的打擊效果。

【動作要求】

（1）要體會如何用「寸勁」去「短、脆、快」地擊打。

（2）要配合呼吸去出擊，做到以氣助力。

（3）只有在擊中目標的瞬間才果斷用力，不可用力太早。

【訓練量】

每 10 掌為 1 組，連續打 3～6 組，組與組之間休息 30 秒鐘～1 分鐘。

2. 左掌練習

【動作要領】

以二字箝羊馬站好，兩拳置於胸側，目視正前方（圖 2-16-13）；

隨後，在呼氣的同時，將左拳變掌並邊向前方打出，邊

將左掌旋轉為手指向下，掌心向前的狀態（圖 2–16–14）；

以左掌根用力，將左掌快速的打出（圖 2–16–15）；

左掌沿直線徑直向正前方打至臂直狀態（圖 2–16–16）。

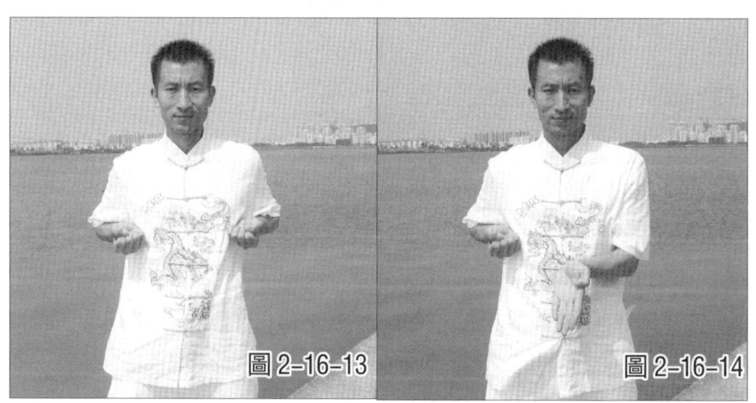

圖 2–16–13　圖 2–16–14

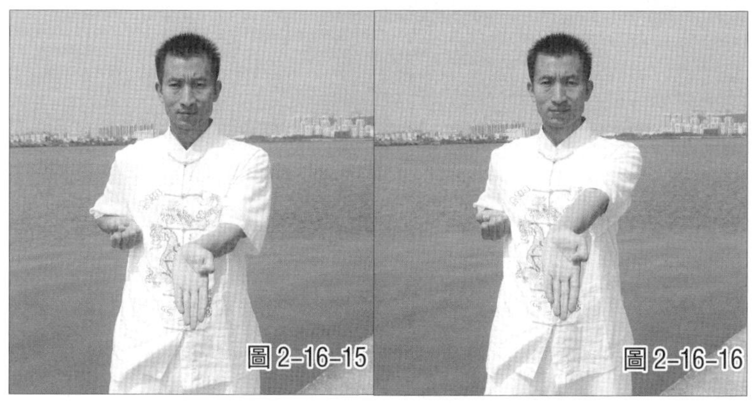

圖 2–16–15　圖 2–16–16

（圖 2–16–17～19）為左底掌打擊時的另一個角度示範。

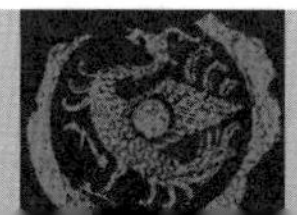

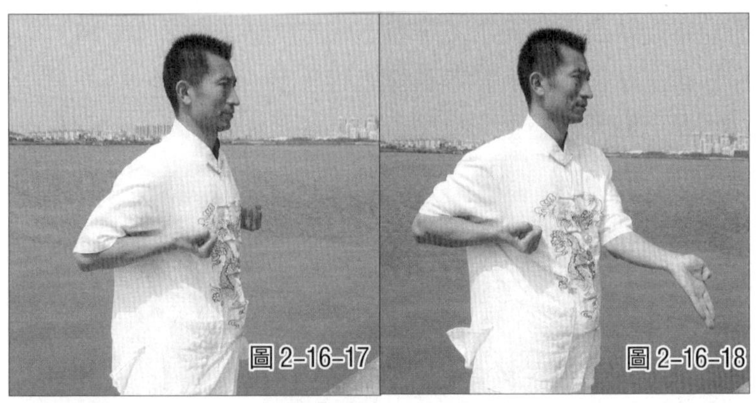
圖 2-16-17　圖 2-16-18

圖 2-16-19

【動作要求】

（1）左底掌打出時整個身體及肩膀要放鬆。

（2）要配合好呼氣去出掌。

【訓練量】

每 10 掌為 1 組，連續打 3～6 組。訓練時，可以先打 1 組右掌動作，再打 1 組左掌，然後又是 1 組右掌，循環進行訓練。

(二)底掌擊打沙包練習

通過擊打沙包來強化底掌的打擊威力。

1. 右底掌擊打沙包練習

【動作要領】

面對沙包以二字箝羊馬站好，兩拳置於胸側（圖 2-16-20）；

在呼氣的同時，將右拳變掌邊向前方打出，邊將右掌旋轉為掌心向前，手指向下的狀態（圖 2-16-21）；

以右掌根用力，將右掌快速地向前方打出（圖 2-16-22）；

右掌沿直線向前方果斷打中了沙包的中央部位（圖 2-16-23）。

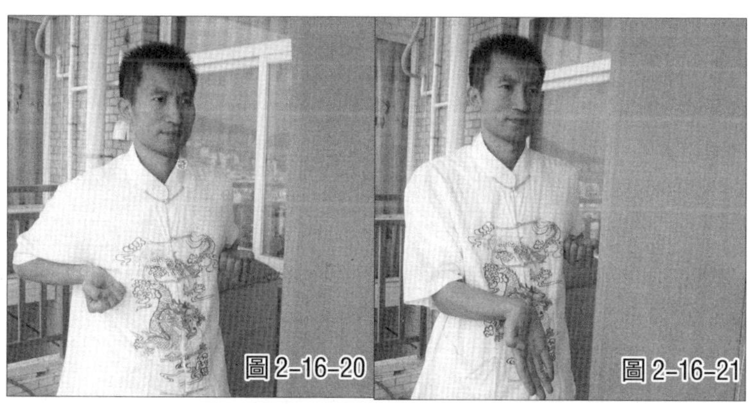

圖 2-16-20　圖 2-16-21

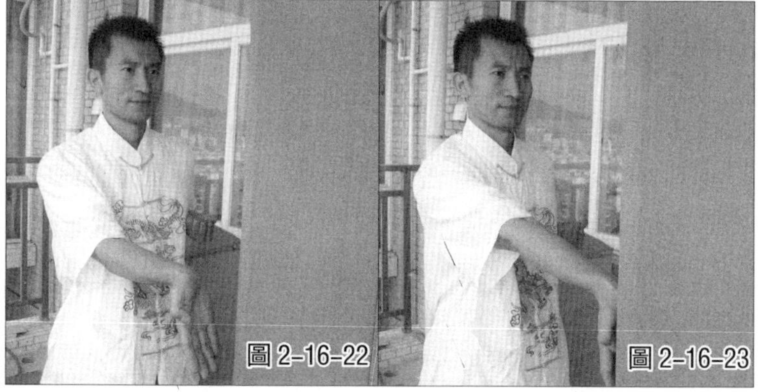

圖 2-16-22　圖 2-16-23

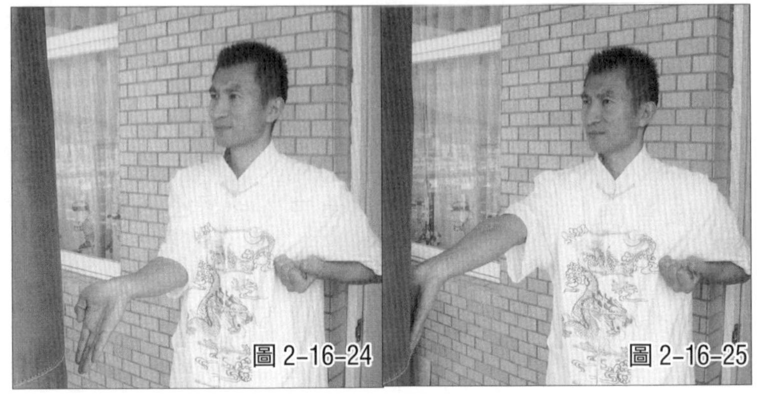
圖 2-16-24　圖 2-16-25

（圖 2-16-24、25）為「右底掌打擊沙包」時的另一個角度示範。

【動作要求】

（1）右掌打擊沙包用力要短、脆，快打快收。

（2）配合呼氣去出擊，將打擊的威力發揮至極限。

（3）只有在擊中目標瞬間才果斷用力，不可用力太早。

【訓練量】

每 10 掌為 1 組，連續打 3～6 組，組與組之間休息 30 秒鐘～1 分鐘。

2. 左掌擊打沙包練習

【動作要領】

面對沙包以二字箝羊馬站好，目視正前方（圖 2-16-26）；

在呼氣的同時，將左拳變掌並邊向前方打出，邊將左掌旋轉為手指向下，掌心向前的狀態（圖 2-16-27）；

以左掌根用力，將左掌快速的打出（圖 2-16-28）；

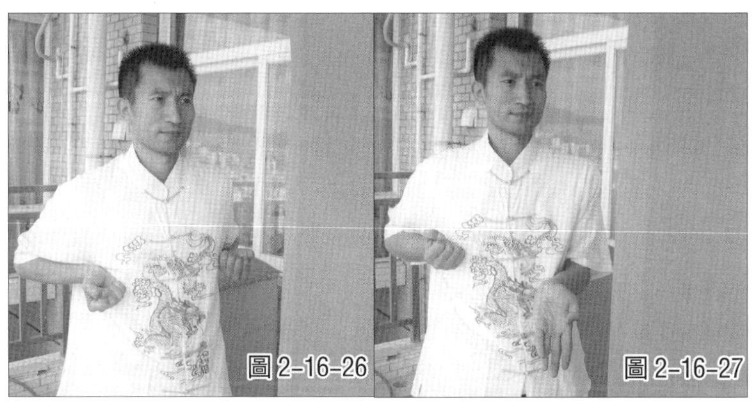

圖 2-16-26　圖 2-16-27

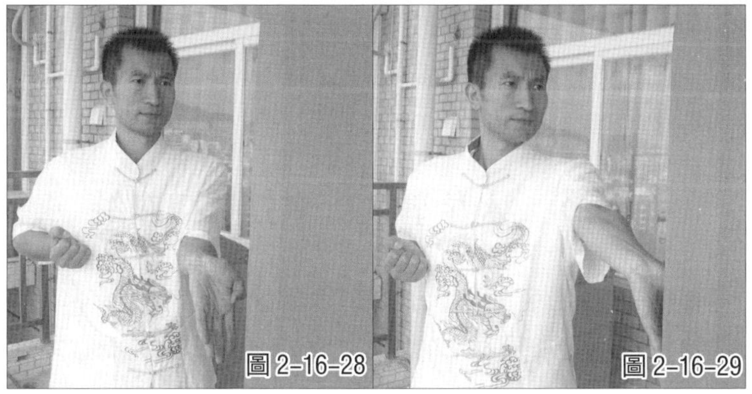

圖 2-16-28　圖 2-16-29

左掌沿直線向正前方果斷地打中了沙包的中央部位（圖 2-16-29）。

（圖 2-16-30、31）為左底掌打擊沙包時的另一個角度示範。

【動作要求】

（1）左底掌打出時整個身體及肩膀要放鬆。

（2）要配合好呼氣出掌，增強打擊的穿透性。

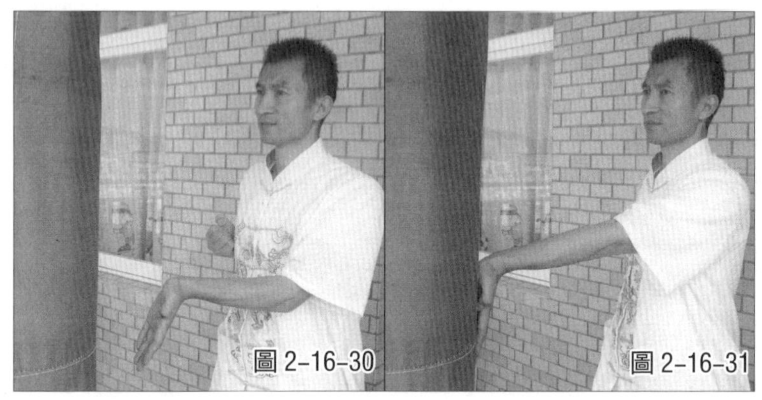

圖 2-16-30　圖 2-16-31

【訓練量】

每 10 掌為 1 組，連續打 3～6 組。訓練時，可以先打 1 組右掌動作，再打 1 組左掌，循環進行訓練。

第五節　詠春拳掌功擊打拳靶訓練

擊打同伴抱於胸前的大型訓練靶或拳靶，體會如何在實戰意識下果斷發力，同時對把握正確的距離感也極為重要。

用掌擊打訓練靶的技巧有很多，由於篇幅所限，僅以正掌為基礎動作進行講解示範，讀者可舉一反三進行反覆訓練。

一、右掌練習

【動作要領】

以二字箝羊馬站好，同伴將訓練靶抱牢於胸前（圖

2-17-1）；

呼氣的同時將右拳變成掌，由中線果斷打出（圖2-17-2）；

在身體不晃動的情況下，將右掌放鬆地向前方打出（圖2-17-3）；

右掌沿直線快速擊中了訓練靶的中央部位（圖2-17-4）；

突然的打擊力可能會將對方打得向後「飛」出去（圖

圖2-17-1　圖2-17-2

圖2-17-3　圖2-17-4

圖 2-17-5 圖 2-17-6

2-17-5）；

我是用瞬間的打擊力去果斷地打擊目標的（圖2-17-6）。

【動作要求】

1. 右掌打擊時須與呼氣配合，體會寸勁的發放與應用。

2. 意念中須將訓練靶穿透，而絕非將打擊力作用在表面或是為了向後方推動對方。記住，穿透與推是兩個截然不同的概念。

3. 整個身體及肩膀要放鬆，以利於釋放爆炸力。

【訓練量】

每 10 掌為 1 組，連續打 3～8 組，組與組之間休息 30 秒針～1 分鐘。

二、左掌練習

【動作要領】

以二字箝羊馬站好，同伴將訓練靶抱牢於胸前（圖

2-17-7）；

在呼氣的同時，將左拳變成掌並由中線果斷打出（圖2-17-8）；

將左掌快速地向前方打出（圖 2-17-9）；

左掌沿直線果斷擊中了訓練靶的中央部位（圖2-17-10）；

圖 2-17-7　圖 2-17-8

圖 2-17-9　圖 2-17-10

圖 2-17-11　圖 2-17-12

圖 2-17-13

突然的打擊力可能會將同伴向後打「飛」出去（圖 2-17-11）；

是用瞬間的打擊力去果斷地打擊目標的（圖 2-17-12、13）。

【動作要求】

1. 左掌打擊時須與呼氣配合。

2. 意念中須將訓練靶穿透，而絕非將力量作用在靶的表面。

3. 出掌時身體要放鬆，只有在充分放鬆的情況下才可真正發揮出最強的穿透力，而且只有在擊中訓練靶前的瞬間才可果斷用力。

【訓練量】

每 10 掌為 1 組，連續打 3～6 組，組與組之間休息 30 秒鐘～1 分鐘。

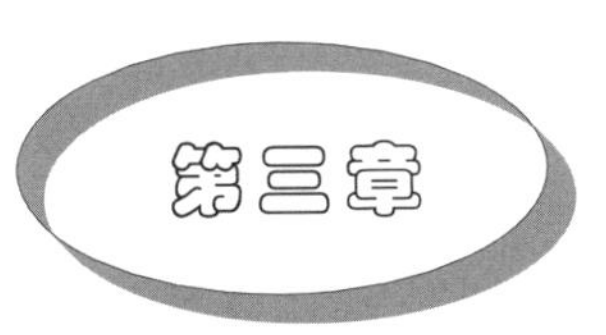

第三章 詠春拳臂功訓練

詠春拳非常注重臂功的訓練，即手臂硬度的訓練，因為詠春拳是一種以實戰搏擊為主的傳統武術，它的一切訓練手段與技巧均是為了格鬥與制服對方而設置的。

在搏擊中，手臂是與敵方接觸的第一道防線，在很多情況下，你不得不用自己的手臂去跟對方接觸，去格擋對方攻來的重拳重腿，這個時候如果你的手臂硬度不夠的話，那麼就將會遭受到對方進一步的打擊。

所以，要想在瞬息萬變的激烈搏擊保護好自己的，就必須先把自己的手臂這道防線變成「鋼鐵般的盾牌」或者是「犀利的刀劍」，讓對方因先發起攻擊而意外損壞其自身的攻擊武器。

有很多詠春拳高手在用自己堅硬的手臂格開對方攻來的拳腳的同時，已經挫傷了對方的關節或肢體，從而大大削弱了對方的整體戰鬥力。

具體訓練臂功或手臂的硬度時，你可以按照下述方法進行訓練，相信對提高你的防護能力與手臂硬度會有極大的幫助和提高。

第一節　詠春拳臂功格臂訓練

這是一種既可鍛鍊手臂硬度，又可同時練習防護技術的方法，也就是練習者以一些詠春拳中的基本手法進行相互的格擊訓練，由循序漸進的訓練來逐步增強與提高手臂硬度。

一、右手練習

【動作要領】

練習者與同伴面對面以二字箝羊馬站好，雙方均將拳置於胸的兩側，目視前方（圖 3-1-1）；

雙方同時將右臂沿最短的路線向體前的中心線處進行格擊，位置在腹部前方，此時手心是向下的（圖 3-1-2）；

雙方同時將右手回勾，準備變換動作（圖 3-1-3）；

雙方均將右手從左側向右上方擋出（圖 3-1-4）；

雙方均以右攤手格擊，此時雙方的手心均是向上的

圖 3-1-1　圖 3-1-2

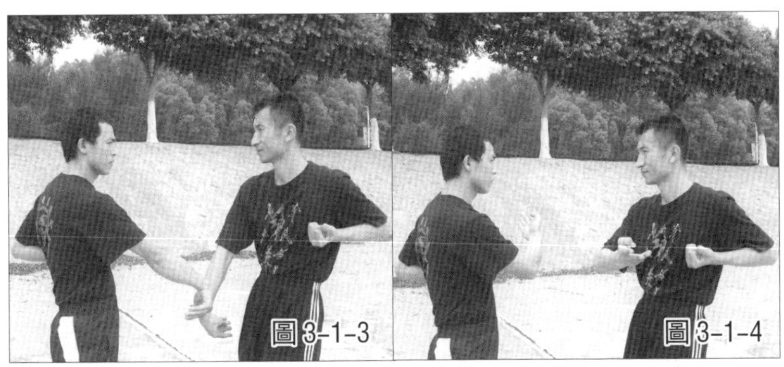
圖3-1-3　圖3-1-4

圖3-1-5　圖3-1-6

（圖 3-1-5）；

在右手格擊完成後，再沿原來的路線從左側向右下方進行格擊（圖 3-1-6）；

雙方均以右耕手在腹前位置進行格擊，此時雙方的手心均是斜向下方的（圖 3-1-7）；

圖3-1-7

隨後，雙方均同時將右手回勾，準備變換動作（圖3-1-8）；

雙方均將右手從右側揮起（圖 3-1-9）；

雙方均同時將右手擋向胸前位置，此時雙方的手心均是向上的（圖 3-1-10）；

雙方在右手格擊完成後，再將右手略向右後方後引，注意此時後引的幅度不可過大（圖 3-1-11）；

然後，雙方同時將右臂沿最短的路線向體前的中心線處進行格擊，此時雙方的手心均是向下的（圖 3-1-12）；

最後，雙方均將右掌變成拳，準備收回（圖3-1-13）；

圖3-1-8　圖3-1-9

圖3-1-10　圖3-1-11

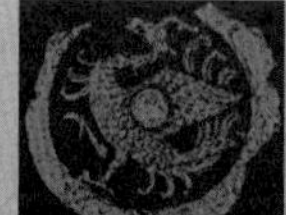

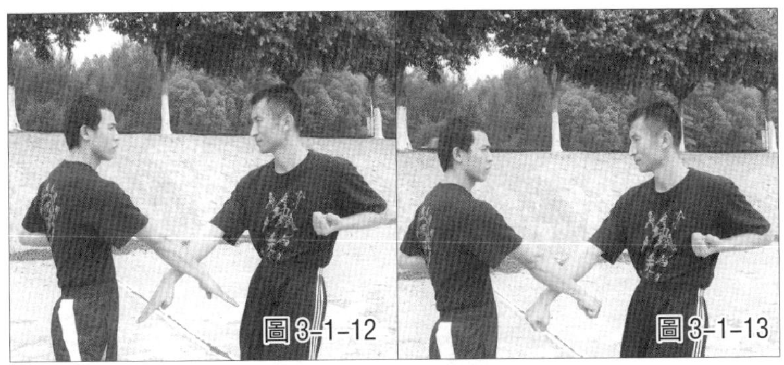
圖3-1-12　圖3-1-13

雙方均將右掌收回胸側，完成整個動作（圖3-1-14）。

圖3-1-14

（圖 3-1-15～28）為上述動作過程的單人動作示範，即先練熟個人動作，然後再去練習雙人配合的動作。

圖3-1-15

圖3-1-16

圖3-1-17
圖3-1-19
圖3-1-21

圖3-1-18
圖3-1-20
圖3-1-22

圖 3-1-23

圖 3-1-25

圖 3-1-27

圖 3-1-24

圖 3-1-26

圖 3-1-28

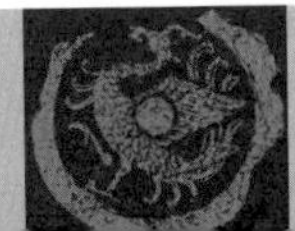

【動作要求】

1. 剛開始練習的速度要慢，以免因動作過快影響動作品質。

2. 所有的打（格）擊動作均可配合呼氣進行訓練。

3. 每一個格擋動作的接觸部位要精確。

【訓練量】

整個動作過程做完才為一個完整的動作，可連續做這樣 3～6 個完整的動作為 1 組，連續做 4～10 組，組與組之間休息 30 秒鐘～1 分鐘。

二、左手練習

【動作要領】

練習者與同伴面對面以二字箝羊馬站好，雙方均將拳置於胸側，目視前方，自然呼吸（圖 3-1-29）；

雙方同時將左臂擋向身體前面的中心線，位置約在腹部要度，此時手心均是向下的（圖 3-1-30）；

接下來，雙方再同時將左手回勾，準備變換下一個動

圖 3-1-29　圖 3-1-30

作（圖 3-1-31）；

雙方均將左手從右側向左上方擋出（圖 3-1-32）；

雙方均以左攤手進行格擊，此時雙方的手心均是向上的（圖 3-1-33）；

雙方在左手格擊完成後，再沿原來的路線從右側向左下方進行格擊（圖 3-1-34）；

雙方均以左耕手在腹前位置進行格擊，此時雙方的手心均是斜向下方的（圖 3-1-35）；

隨後，雙方同時將左手回勾，準備變換動作（圖 3-1-36）；

圖 3-1-31　圖 3-1-32

圖 3-1-33　圖 3-1-34

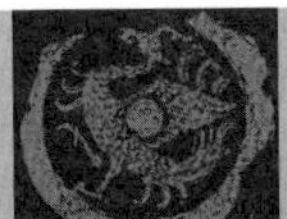

圖3-1-35　圖3-1-36

圖3-1-37　圖3-1-38

雙方均將左手從左側揮起（圖 3-1-37）；

雙方同時將左手擋向胸前位置，此時雙方的手心均是向上的（圖 3-1-38）；

雙方在左手格擊動作完成後，再將左手略向左側後引（圖 3-1-39）；

然後，雙方再同時將左臂沿最短的路線向體前的中線處進行格擊，而且此時雙方的左手心均是向下的（圖 3-1-40）；

最後，雙方均將左掌變成拳，準備收回（圖 3-1-41）；

圖 3-1-39　圖 3-1-40

圖 3-1-41　圖 3-1-42

雙方均將左掌收回於胸側，完成整個動作（圖 3-1-42）。

【動作要求】

1. 練習的速度要由慢到快，力度由小到大，不可急於求成。

2. 所有的格擊動作均可配合呼氣進行訓練。

【訓練量】

整個動作做完才為一個完整的動作，可連續做 3～6 個完整的動作為 1 組，連續做 4～10 組。可以左、右兩臂輪流進行訓練，全面發展自己。

第二節　詠春拳臂功格擊樹木訓練

這是一種強化訓練手臂硬度的有效方法，但不適合初學者練習，因為以手臂來格擊樹木的難度較大，所以當你在訓練時也可以先在樹木上綁上一些軟物進行訓練，隨著訓練時間的增長再逐步減少這些軟物。

在實踐中，本練習方法同樣既可用來練習手臂硬度，又可用來練習詠春拳的格擋技術，屬於功力與技術雙修的訓練手段，因為所有的練習動作均是以詠春拳的一些基本防禦手法來進行格擊的。當然，本方法也特別適合於那些想提高技術而又沒有木人樁的愛好者，畢竟在城市裏要想安裝一個木人樁也非易事，但是樹木卻是可以隨處找到的。

本練習又可分為單個動作練習與組合動作練習兩部分，它們之間具有承前啟後的作用，由於篇幅有限，只能選擇其中較具代表性的動作進行講解。

一、單個動作練習

主要是訓練詠春拳中一些常用的獨立防禦手法，如攤手、內攤手、攔手等，並掌握這些動作的正確定型，同時也強化這些單個動作的手臂硬度與熟練性；然後再在此基礎上去練習後面的組合動作練習。

(一) 攤手練習

這是詠春拳中最重要的防禦手法之一，是進行防禦訓

練所絕對不可缺少的高效防護技巧。在實戰搏擊中，此技巧主要用來向外側格擋開對方攻向我方頭、面部及胸部的攻擊動作。

1. 右手練習

【動作要領】

以二字箝羊馬站於樹前或木樁前，兩手握拳置於胸側，目視前方的樹木（圖 3–2–1）；

將右拳變成掌並由中線向前方擋出，即以手臂上側的骨鋒（橈骨）向右前方擋出（圖 3–2–2）；

在呼氣的同時，將右前臂上側骨鋒（橈骨）處擋向面前的樹木，此時右手心是向上的，擋擊的高度約在胸部與頸部之間（圖 3–2–3）；

圖 3–2–1

圖 3–2–2　圖 3–2–3

圖 3-2-4

（圖 3-2-4）為攤手格擊樹木時的具體用力部位，即著力點。

【動作要求】

（1）練習時要循序漸進地增加格擊的力度。

（2）格擊動作必須是放鬆地擋出，在擊中樹木的瞬間才收緊肌肉，將力發出。

（3）要配合呼氣去增強格擊的效果。

【訓練量】

每格擊 10 次為 1 組，連續格擊 8～12 組，組與組之間休息 30 秒鐘～1 分鐘。

2. 左手練習

【動作要領】

以二字箝羊馬站於樹前或木樁前，兩手握拳置於胸側，目視前方樹木（圖 3-2-5）；

將左拳變成掌並由中線向前方擋出，即以手臂上側的骨鋒處向左前方擋出（圖 3-2-6）；

在呼氣的同時，將左前臂上側骨鋒（橈骨）處擋向面前的樹木，此時左手心是向上的，擋擊的高度約在胸部與頸部之間（圖 3-2-7）；

（圖 3-2-8～10）為左臂向外側格擊樹木時的另一個角度示範。

圖3-2-5　圖3-2-6

圖3-2-7　圖3-2-8

圖3-2-9　圖3-2-10

【動作要求】

1. 練習時要逐漸增加格擊的力度，不可急於求成。

2. 只有在擊中樹木的瞬間才收緊肌肉，將力發出。

3. 要配合呼氣增強格擊效果。

【訓練量】

每格擊 10 次為 1 組，連續打 8～12 組。練習時，可以先練習右手 1 組，再練習左手 1 組，循環進行訓練。

(二) 內攤手練習

這是詠春拳中最重要的防禦手法之一，主要用來向內側格擋開對方攻向我方中線的重擊動作。

1. 右手練習

【動作要領】

正身二字箝羊馬站於樹前或木樁前，兩手握拳置於胸側，目視前方的樹木（圖 3–3–1）；

右拳變成掌並向前揮出，以手臂下側的臂刀（尺骨）向前擋出（圖 3–3–2）；

圖 3-3-1　圖 3-3-2

在呼氣的同時，將右前臂下側（尺骨）擋向面前的樹木，此時右手心是向上的（圖 3-3-3）。

（圖 3-3-4）為用來格擊樹木的具體用力部位，即著力點。

（圖 3-3-5～7）為右

圖 3-3-3

圖 3-3-4　圖 3-3-5

圖 3-3-6　圖 3-3-7

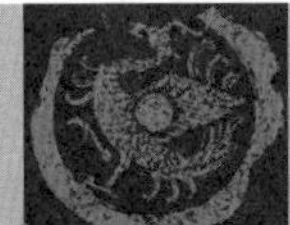

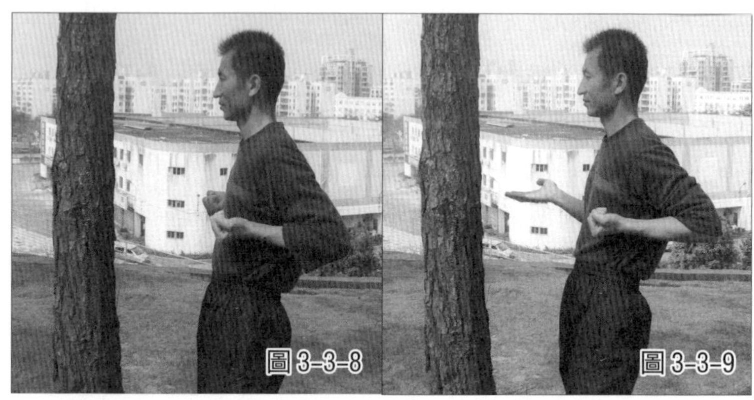

圖 3-3-8　圖 3-3-9

圖 3-3-10

臂向內側格擊樹木時的另一個角度示範動作。

（圖 3-3-8～10）為右臂向內側進行中位格擊時的動作示範，也就是去格擊自己的胸部或腹部高度。

【動作要求】

（1）練習時要逐漸增加格擊力度。

（2）只有在擊中樹木的瞬間才收緊肌肉，將力發出。

（3）要配合呼氣增強格擊的效果。

【訓練量】

每格擊 10 次為 1 組，連續格擊 8～12 組，組與組之間可休息 30 秒鐘～1 分鐘。

2. 左手練習

【動作要領】

正身二字箝羊馬站於樹前或木樁前，兩手握拳置於胸

側，目視前方的樹木（圖 3–3–11）；

將左拳變掌並向前擋出，以手臂下側的臂刀（尺骨）擋向前面的樹木（圖 3–3–12）；

在呼氣的同時，將左前臂下側（尺骨）擋向樹木的胸部高度，此時左手心是向上的（圖 3–3–13）；

（圖 3–3–14～16）為左臂向內側格擊樹木時的另一個角度示範。

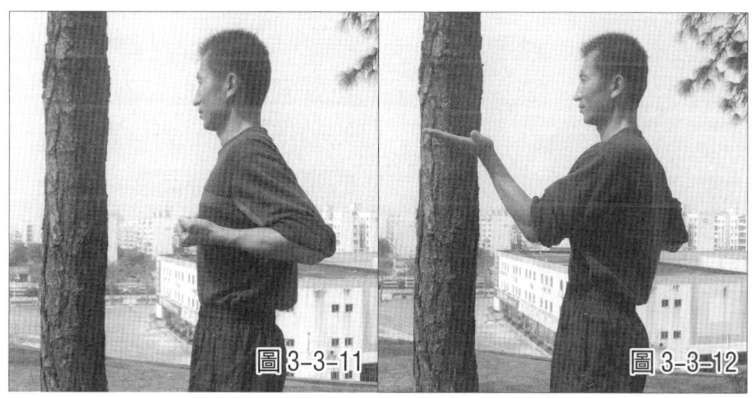

圖 3-3-11　圖 3-3-12

圖 3-3-13　圖 3-3-14

圖3-3-15　圖3-3-16

圖3-3-17

（圖 3-3-17～19）為左臂向內側進行中位格擊時的動作示範，即格擊在自己的腹部或胸部高度。

【動作要求】

（1）練習時要循序漸進地增加格擊的力度。

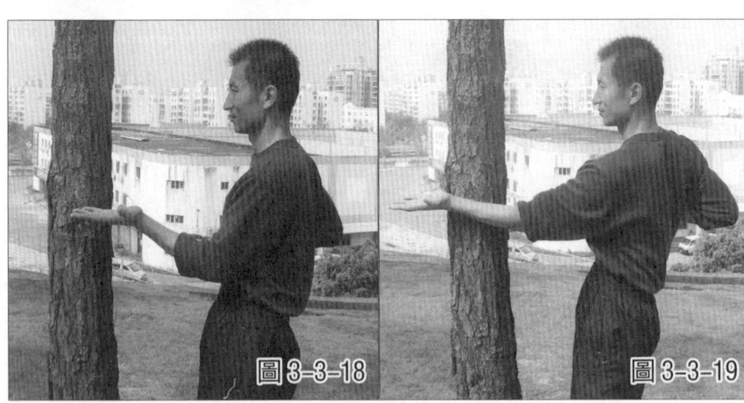

圖3-3-18　圖3-3-19

（2）在擊中樹木的瞬間才收緊肌肉，將力發出。

【訓練量】

每格擊 10 次為 1 組，連續打 8～12 組。練習時，先練習右手 1 組，再練習左手 1 組，，循環進行訓練。

(三)外攔手練習

這是詠春拳中較為重要的防禦手法之一，在詠春拳套路木人樁中有這個動作，主要用來防禦敵方攻向我上盤的攻擊動作。

1. 右手練習

【動作要領】

以二字箝羊馬站於樹前，兩手握拳置於胸側，目視前方（圖 3-4-1）；

右拳變成掌並由中線向右前方擋出，即以手臂下側的臂刀處（尺骨）擋向右前方（圖 3-4-2）；

圖 3-4-1　圖 3-4-2

在呼氣的同時，將右前臂下側的臂刀處擋向前面的樹木，此時右手心是向下的，擋擊的高度約在胸部與頸部之間（圖 3-4-3）；

（圖 3-4-4）為右外攔手格擊樹木時的具體用力部位，即著力點。

（圖 3-4-5～8）為右外攔手向外側格擊樹木時的另一個角度示範。

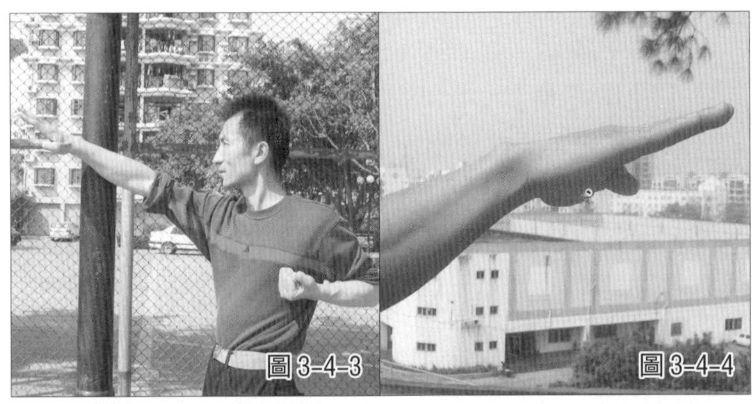
圖 3-4-3　圖 3-4-4

圖 3-4-5　圖 3-4-6

圖3-4-7　圖3-4-8

（圖 3-4-9～11）為右臂用右外攔手進行中位格擊時的動作示範，即去格擊自己的胸部或腹部高度。

圖3-4-9

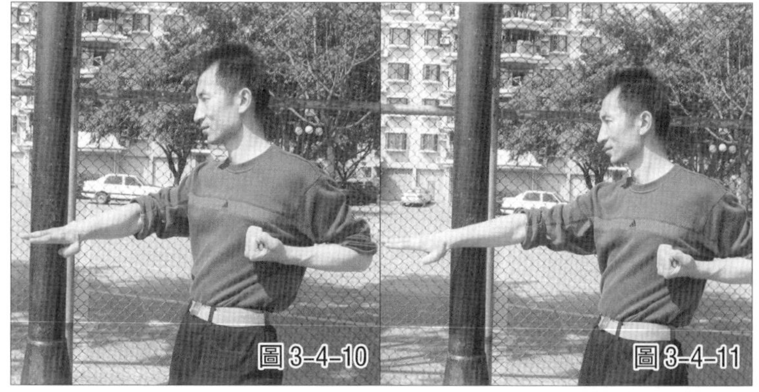

圖3-4-10　圖3-4-11

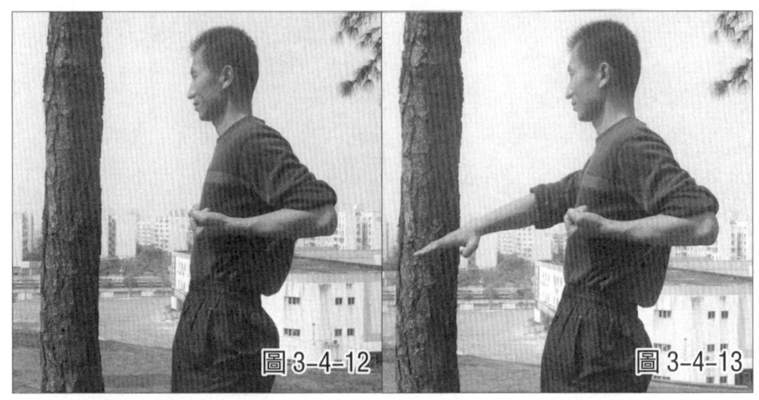

圖 3-4-12　圖 3-4-13

圖 3-4-14

（圖 3-4-12～14）為右臂用右外攔手進行低位格擊時的動作示範，即去格擊自己的腹部高度（這種格擊技術又可稱之為耕手）。

【動作要求】

（1）格擊動作應是放鬆地擋出，並在擊中樹木的瞬間才收緊肌肉，將力發出。

（2）要配合呼氣去增強格擊的效果。

【訓練量】

每格擊 10 次為 1 組，連續格擊 8～12 組，組與組之間休息 30 秒鐘～1 分鐘。

2. 左手練習

【動作要領】

以二字箝羊馬站於樹前或木樁前，兩手握拳置於胸

側，目視前方的樹木（圖 3-4-15）；

將左拳變成掌並由中線向左前方擋出，也就是以手臂下側的臂刀擋向左前方（圖 3-4-16）；

在呼氣的同時，將左前臂下側的臂刀處（尺骨）擋向前面的樹木，此時左手心是向下的，擋擊的高度約在胸部與頸部之間（圖 3-4-17）；

（圖 3-4-18～20）為左臂用左外攔手進行中位格擊時的動作示範，即格擊自己的胸部或腹部高度。

圖 3-4-15　圖 3-4-16

圖 3-4-17　圖 3-4-18

圖 3-4-19

圖 3-4-20

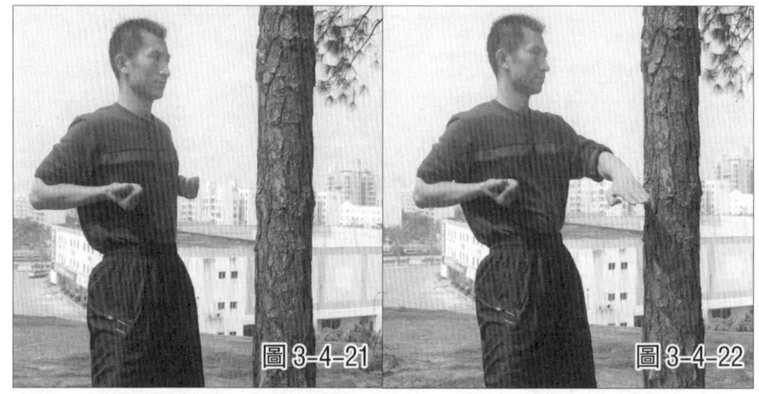
圖 3-4-21　圖 3-4-22

圖 3-4-23

（圖 3-4-21～23）為左臂用左外攔手進行低位格擊時的動作示範。

【動作要求】

（1）只有在擊中樹木的瞬間才收緊肌肉，將力發出。

（2）要配合呼氣去增

強格擊的效果。

【訓練量】

每格擊 10 次為 1 組，連續格擊 8～12 組，練習時可左、右兩臂循環進行訓練。

(四) 內攔手練習

這是詠春拳中較為重要的防禦手法之一，在詠春拳套路木人樁中也有這個動作（圖 3-5-1），是用來防禦對方攻向上盤的動作。

1. 右手練習

【動作要領】

以二字箝羊馬站於樹前或木樁前，兩手握拳置於胸側，目視前方的樹木（圖 3-5-1）；

將右拳變成掌由中線向左前方擋出，即以手臂上側的骨鋒處（橈骨）擋向左前方（圖 3-5-2）；

在呼氣的同時，將左前臂上側的骨鋒處擋向前面的樹木，此時右手心是向下的，擋擊的高度約在胸部與頸部之

圖 3-5-1　圖 3-5-2

圖 3-5-3

間（圖 3-5-3）；

（圖 3-5-4）為右內攔手格擊樹木時的具體用力部位，即著力點。

（圖 3-5-5～7）為右內攔手向內側格擊時的另一個角度示範。

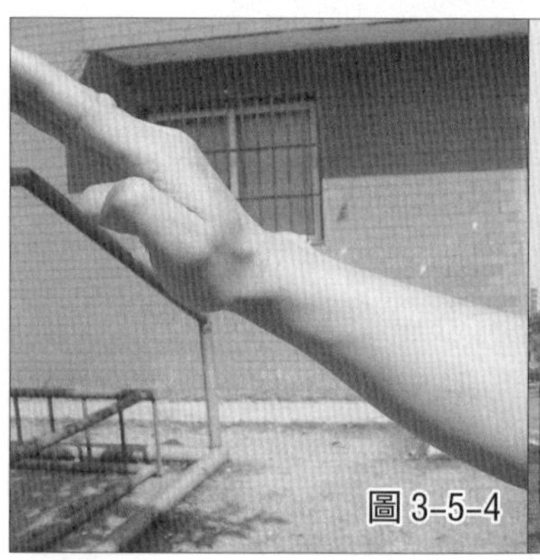
圖 3-5-4

圖 3-5-5

圖 3-5-6　圖 3-5-7

圖 3-5-8　圖 3-5-9

（圖 3-5-8～10）為右臂用右內攔手進行中位格擊時的動作示範，即格擊在自己的胸部或腹部高度。

圖 3-5-10

【動作要求】

（1）格擊動作應放鬆，在擊中樹木的瞬間才將力發出。

（2）要逐漸地增加格擊力度，並配合呼氣增強格擊效果。

【訓練量】

每格擊 10 次為 1 組，連續格擊 8～12 組，組與組之間休息 30 秒鐘～1 分鐘。

2. 左手練習

【動作要領】

以二字箝羊馬站於樹前或木樁前，兩手握拳置於胸側，目視前方的樹木（圖 3-5-11）；

圖 3-5-11　圖 3-5-12

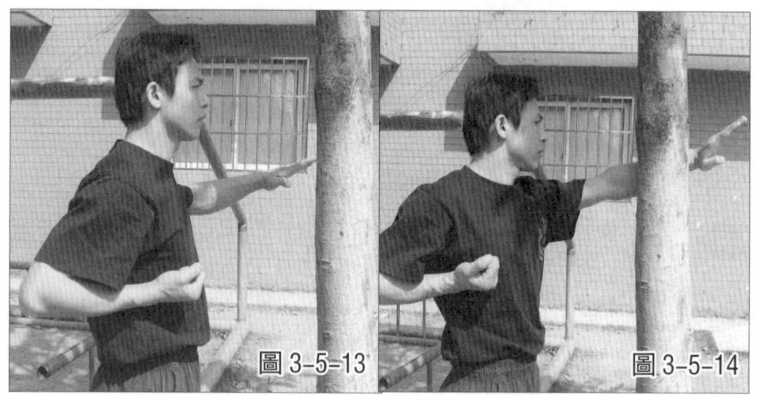

圖 3-5-13　圖 3-5-14

將左拳變成掌並由中線向右前方擋出，即以手臂上側的骨鋒處（橈骨）擋向右前方（圖 3-5-12）；

在呼氣的同時，將左前臂上側的骨鋒處擋向前面的樹木，此時左手心是向下的，擋擊的高度約在胸部與頸部之間（圖 3-5-13）；

（圖 3-5-14～17）為左內攔手向前面格擊時的另一個角度示範。

圖 3-5-15　圖 3-5-16

圖 3-5-17

【動作要求】

（1）格擊動作應放鬆、自然，逐漸增加格擊的力度。

（2）配合呼氣增強格擊的效果。

【訓練量】

每格擊 10 次為 1 組，連續打 8～12 組，組與組之間休息 30 秒鐘～1 分鐘。練習時，可左、右手循環進行訓練。

二、組合動作練習

本練習主要是由一些組合性防禦手法的訓練，進一步提高防禦技巧、綜合應變能力以及進一步強化手臂硬度，從而在整體上提高實戰能力與防護水準。

(一) 內攤手／耕手練習

這是實戰中較為常用的複合性防禦手法之一，通常可用來先擋開對方攻向上盤的動作，接下來再用同一隻手去連續擋開對方攻向中盤的動作，整個動作連貫、緊湊而嚴密。

1. 右手動作練習

【動作要領】

以二字箝羊馬站於樹前或木樁前，兩手握拳置於胸側，目視前方的樹木（圖 3–6–1）；

將右拳變成掌並向右前方擋出，以手臂下側的臂刀處（尺骨）擋向內側（圖 3–6–2）；

在呼氣的同時，將右前臂下側的臂刀處擋向前面的樹木，此時右手心是向上的，擋擊的高度約在胸部與頸部之間（圖 3–6–3）；

接下來，將右手略回收而繞過面前的樹（圖 3–6–4）；

並將右前臂擋向樹的右下側（圖 3–6–5）；

最後，在呼氣的同時，以耕手擋向前面的樹木的下

圖 3-6-1　圖 3-6-2

圖 3-6-3　圖 3-6-4

圖 3-6-5　圖 3-6-6

側，此時右手心是向下的，擋擊的高度約在腹部（圖 3-6-6）。

（圖 3-6-7～12）為上述動作的另一個角度示範。

【動作要求】

（1）格擊的動作應自然、連貫，不可用蠻力與僵力，並在擊中樹木的瞬間才收緊肌肉，將力發出。

（2）練習時要逐漸增加格擊力度，不可急於求成。

（3）要配合呼氣去增強格擊效果。

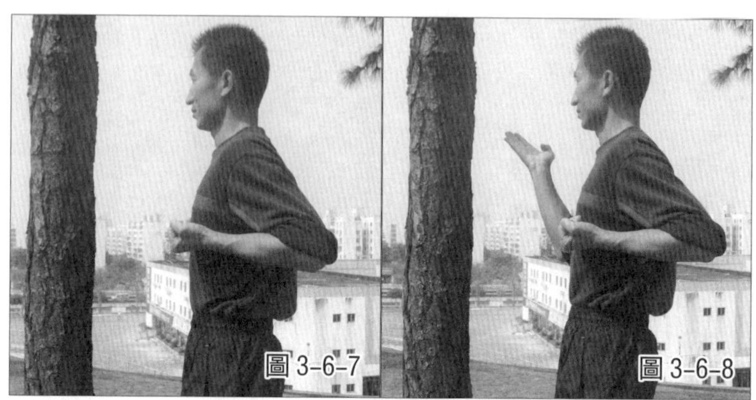

圖 3-6-7　圖 3-6-8

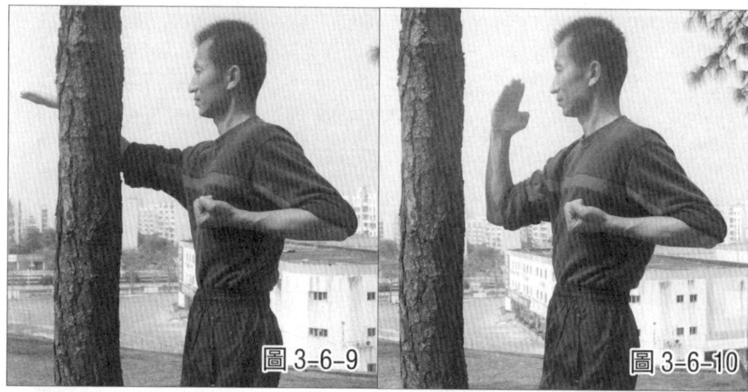

圖 3-6-9　圖 3-6-10

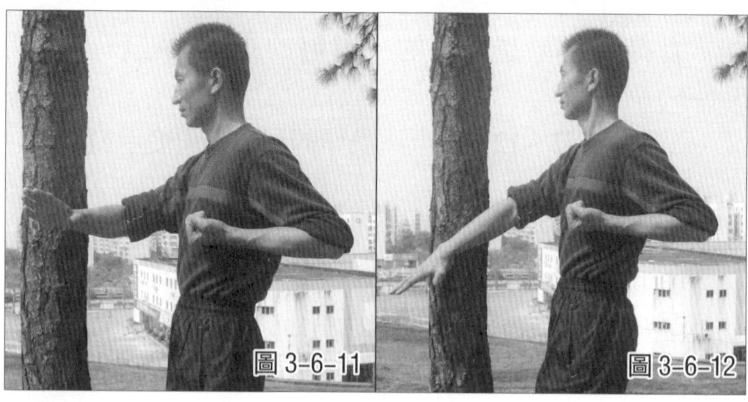

圖 3-6-11　圖 3-6-12

【訓練量】

每上、下格擊 1 次為一個完整的動作，可以 10 個動作為 1 組，連續格擊 6～12 組。

2. 左手動作練習

【動作要領】

我二字箝羊馬站於樹前或木樁前，兩手握拳置於胸側，目視前方的樹木（圖 3–6–13）；

將左拳變成掌並向右前方擋出，即以手臂下側的臂刀處（尺骨）擋向樹木（圖 3–6–14）；

在呼氣的同時，以左前臂下側的臂刀處格擊樹木，此時左手心是向上的，擋擊的高度約在胸部與頸部之間（圖 3–6–15）；

圖 3–6–13

圖 3–6–14　圖 3–6–15

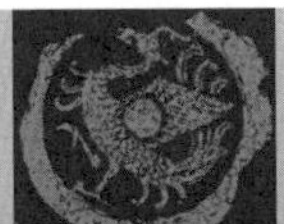

接下來，將左手略回收而繞過面前的樹（圖 3–6–16）；

並將右前臂擋向樹的下側（圖 3–6–17）；

最後，在呼氣的同時，將左前臂以耕手擋中樹木的左下側，此時左手心是向下的，擋擊的高度約在腹部左右（圖 3–6–18）。

（圖 3–6–19）為左臂下擋時的近距離示範。

【動作要求】

（1）練習時要逐漸增加格擊的力度。

圖 3–6–16　圖 3–6–17

圖 3–6–18　圖 3–6–19

（2）要配合呼氣去增強格擊的效果。

【訓練量】

每上、下格擊 1 次為一個完整的動作，可以 10 個動作為 1 組，連續格擊 6～12 組。具體練習時，也可左、右手循環進行訓練。

(二) 攤手／耕手練習

這是格鬥中較為常用的複合性防禦技巧之一，在實戰中常用來先擋開對方攻向我上盤的動作，接下來再進一步連續擋開對方攻向我中盤（或下盤）的動作，整個動作連貫、快捷而嚴密。

1. 右手動作練習

【動作要領】

以二字箝羊馬站於樹前或木樁前，兩手握拳置於胸側，目視前方的樹木（圖 3-7-1）；

將右拳變成掌並向左前方擋出，即以手臂上側的骨鋒處（橈骨）擋向樹的右側（圖 3-7-2）；

圖 3-7-1　圖 3-7-2

在呼氣的同時，以右攤手擊中樹木，此時右手心是向上的，擋擊的高度約在胸部與頸部之間（圖 3–7–3）；

接下來，將右手略回收而連續擋向樹的下側（圖 3–7–4）；

此時是用右前臂下側的臂刀處（尺骨）擋向右下側（圖 3–7–5）；

在呼氣的同時，以耕手擋中前面的樹木下側，此時右手心是向下的，擋擊的高度約在腹部（圖 3–7–6）。

（圖 3–7–7～12）為本動作的另一個角度示範。

圖 3–7–3

圖 3–7–4

圖 3–7–5

圖 3–7–6

圖3-7-7　圖3-7-8

圖3-7-9　圖3-7-10

圖3-7-11　圖3-7-12

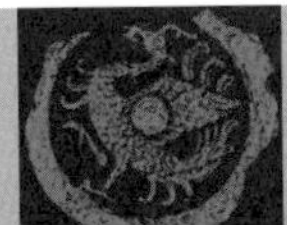

【動作要求】

（1）格擊的動作應自然、連貫，不可用蠻力與僵力，並在擊中樹木的瞬間才收緊肌肉，將力發出。

（2）要配合呼氣去增強格擊的效果，同時兩個動作之間還要緊湊。

【訓練量】

每上、下格擊1次為一個完整的動作，可以10個動作為1組，連續打6～12組。

2. 左手動作練習

【動作要領】

以二字箝羊馬站於樹前或木樁前，兩手握拳置於胸側，目視前方的樹木（圖3-7-13）；

將左拳變成掌並向右前方擋出，即以手臂上側的骨鋒處（橈骨）擋向樹的左側（圖3-7-14）；

在呼氣的同時，將左攤手擋向前面的樹木，此時左手心是向上的，擋擊的高度約在胸部與頸部之間（圖3-7-15）；

圖3-7-13　圖3-7-14

圖 3-7-15　圖 3-7-16

圖 3-7-17　圖 3-7-18

接下來，將左手略回收而連續擋向樹的下側（圖 3-7-16）；

此時是用左前臂下側的臂刀處擋向樹的下側（圖 3-7-17）；

在呼氣的同時，以左耕手擋中前面的樹木，此時左手心是向下的，擋擊的高度約在腹部左右（圖 3-7-18）。

【動作要求】

（1）格擊動作應自然、連貫，不可用蠻力與僵力，並在擊中樹木的瞬間才收緊肌肉，將力發出。

（2）練習時要逐漸增加格擊力度，以免因疼痛影響訓練。

【訓練量】

每上、下格擊 1 次為一個完整的動作，可以 10 個動作為 1 組，連續格擊 6～12 組。練習時，可以先練習右手 1 組，再練習左手 1 組，然後又是右手 1 組，循環進行訓練。

(三)外攔手／耕手練習

這是詠春拳中較為常用的複合性防禦技巧之一，在實戰中同樣可用來先擋開對方攻向我上盤的動作，接下來再進一步連續擋開對方攻向我中盤或下盤的動作，整個動作嚴密、快捷而及時。

1. 右手動作練習

【動作要領】

以二字箝羊馬站於樹前或木樁前，兩手握拳置於胸側，目視前方的樹木（圖 3–8–1）；

將右拳變成掌向左前方擋出，即以手臂下側的臂刀處（尺骨）擋向樹木（圖 3–8–2）；

在呼氣的同時，將右前臂下側的臂刀處擋擊樹木，此時右手心是向下的，擋擊的高度約在胸部與頸部之間（圖 3–8–3）；

接下來，將右手略回收再而連續擋向樹的下側（圖 3–8–4）；

此時用右前臂下側的臂刀擋向樹的下側（圖 3–8–5）；

在呼氣的同時，以右耕手擋中前面的樹木的下側，此時右手心向下，擋擊的高度約在腹部（圖 3–8–6）。

圖 3-8-1　圖 3-8-2

圖 3-8-3　圖 3-8-4

圖 3-8-5　圖 3-8-6

（圖 3-8-7～12）為上述動作的另一個角度示範。

【動作要求】

（1）格擊動作應自然、連貫，不可用蠻力與僵力，在擊中樹木的瞬間才收緊肌肉，將力發出。

（2）練習時要逐漸增加格擊的力度，以免因痛影響訓練。

【訓練量】

每上、下格擊 1 次為一個完整的動作，以 10 個動作為

圖 3-8-7　圖 3-8-8

圖 3-8-9　圖 3-8-10

圖 3-8-11　圖 3-8-12

1組，連續打6至12組。

2. 左手動作練習

【動作要領】

以二字箝羊馬站於樹前或木樁前，兩手握拳置於胸側，目視前方的樹木（圖3-8-13）；

將左拳變成掌並向左前方擋出，即以手臂下側的臂刀處（尺骨）擋向樹木（圖3-8-14）；

在呼氣的同時，將左前臂下側的臂刀處擋中前面的樹

圖 3-8-13　圖 3-8-14

木，此時左手心向下，擋擊的高度約在胸部與頸部之間（圖 3-8-15）；

接下來，將左手略回收後再連續擋向樹的下側（圖 3-8-16）；

此時用左前臂下側的臂刀處擋向樹的下側（圖 3-8-17）；

在呼氣的同時，以左耕手擋向前面樹木的下側，此時左手心是向下的，擋擊的高度約在腹部（圖 3-8-18）。

圖 3-8-15　圖 3-8-16

圖 3-8-17　圖 3-8-18

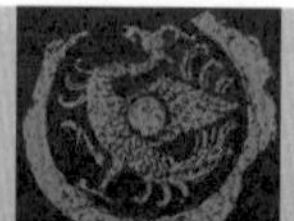

【動作要求】

（1）格擊動作應自然、連貫，不可用蠻力與僵力。

（2）要逐漸增加格擊的力度，以免因疼痛影響訓練。

【訓練量】

每上、下格擊 1 次為一個完整的動作，以 10 個動作為 1 組，連續打 6～12 組。練習時，也可先練習右手 1 組，再練左手 1 組，循環進行訓練。

(四) 內攤手／外攔手練習

這是一種較為複雜的防禦技巧，對提高練習者的反應與動作速度及手臂硬度都極為有效。在實戰中，可用來連續擋開對方攻向我上盤的左、右連續攻擊動作。

1. 右手動作練習

【動作要領】

以二字箝羊馬站於樹前或木樁前（圖 3-9-1）；

將右拳變成掌並向前方擋出，即以手臂下側的臂刀處（尺骨）擋向樹木（圖 3-9-2）；

圖 3-9-1　圖 3-9-2

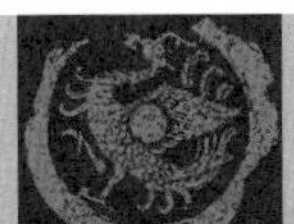

在呼氣的同時，將右前臂以內攤手擋向前面的樹木，此時右手心是向上的（圖 3–9–3）；

接下來，將右手略回收而繞過面前的樹木（圖 3–9–4）；

再連續以右外攔手擋向樹的胸部或頸部高度（圖 3–9–5）；

在呼氣的同時，將右前臂下側的臂刀處擋向前面的樹木的上側，此時右手心是向下的（圖 3–9–6）。

圖 3–9–3　圖 3–9–4

圖 3–9–5　圖 3–9–6

【動作要求】

（1）格擊動作應放鬆，在擊中樹木的瞬間才收緊肌肉，將力發出。

（2）要配合呼氣增強格擊效果，兩個動作之間要緊湊。

【訓練量】

每上、下格擊 1 次為一個完整的動作，以 10 個動作為 1 組，連續打 6 至 12 組。

2. 左手動作練習

【動作要領】

以二字箝羊馬站於樹前或木樁前（圖 3–9–7）；

將左拳變成掌並向前方擋出，即以手臂下側的臂刀處擋向樹木（圖 3–9–8）；

在呼氣的同時，將左前臂以內攤手擋向前面的樹木，此時左手心是向上的（圖 3–9–9）；

接下來，將左手略回收而繞過面前的樹木（圖 3–9–10）；

圖 3–9–7　圖 3–9–8

圖 3-9-9　圖 3-9-10

圖 3-9-11　圖 3-9-12

此時再連續以左外攔手擋向樹的胸部或頸部高度（圖 3-9-11）；

在呼氣的同時，將左前臂下側的臂刀處擋向前面的樹木的上側，此時左手心是向下的（圖 3-9-12）。

【動作要求】

（1）格擊動作應自然、連貫，在擊中樹木的瞬間才收緊肌肉，將力發出。

（2）要配合呼氣去增強格擊效果，兩個動作之間要緊

湊。

【訓練量】

每上、下格擊 1 次為一個完整的動作，以 10 個動作為 1 組，連續打 6～12 組。練習時，可先練習右手 1 組，再練習左手 1 組，然後又是右手 1 組，循環進行訓練。

（五）耕攔手練習

這是詠春拳中最具有代表性的防禦技巧之一，無論是在詠春拳最高級的徒手套路標指中，還是在木人樁套路中都有這一核心技術的練習。在實戰中，這種高效的防禦技術主要用來化解對方的腿法重擊，是練習詠春拳必須熟練掌握的實戰技巧之一。

1. 右邊動作練習

【動作要領】

以二字箝羊馬站於樹前或木樁前（圖 3–10–1）；

將右拳變成掌並向上方抬起，同時將左拳變成掌移向右臂下側（圖 3–10–2）；

圖 3–10–1　圖 3–10–2

邊向左側轉動馬步，邊將兩前臂擋向前面的樹木，此時是以兩前臂的臂刀處（尺骨）擋出的，右手心向上，左手心斜向下方（圖 3-10-3）；

在呼氣的同時，將雙手的臂刀處同時擋到了樹木上（圖 3-10-4）。

（圖 3-10-5）為耕攔手擋擊樹木時的近距離示範。

（圖 3-10-6）為利用木人樁練習耕攔手時的示範動作。

圖 3-10-3　圖 3-10-4

圖 3-10-5　圖 3-10-6

【動作要求】

（1）格擊動作應自然、連貫，不可用蠻力與僵力，在擊中樹木的瞬間才收緊肌肉，將力發出。

（2）格擊動作應在轉動馬步的配合下進行。

（3）練習時要逐漸增加格擊的力度，不可急於求成。

（4）要配合呼氣去增強格擊的效果。

【訓練量】

每格擊 1 次為一個完整的動作，以 10 個動作為 1 組，連續打 6～12 組。

2. 左邊動作練習

【動作要領】

以二字箝羊馬站於樹前或木樁前（圖 3–10–7）；

將左拳變成掌並向上方抬起，同時將右拳變成掌並移向左臂下側（圖 3–10–8）；

邊向右側轉動馬步，邊將兩前臂擋向前面的樹木，以兩前臂的臂刀處擋出（圖 3–10–9）；

在呼氣的同時，將雙手的臂刀處同時擋到了樹木上，

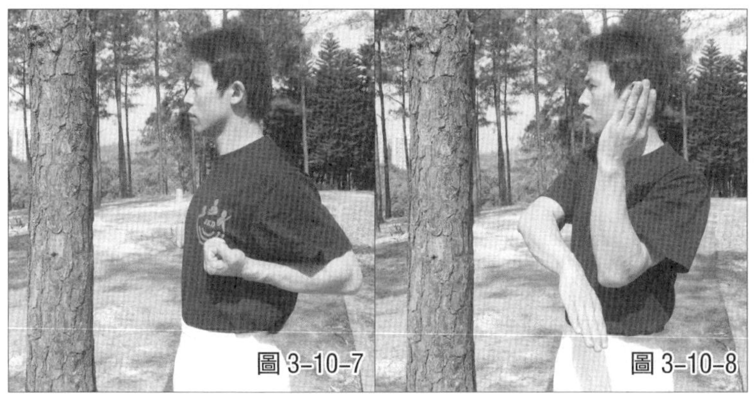

圖 3–10–7　圖 3–10–8

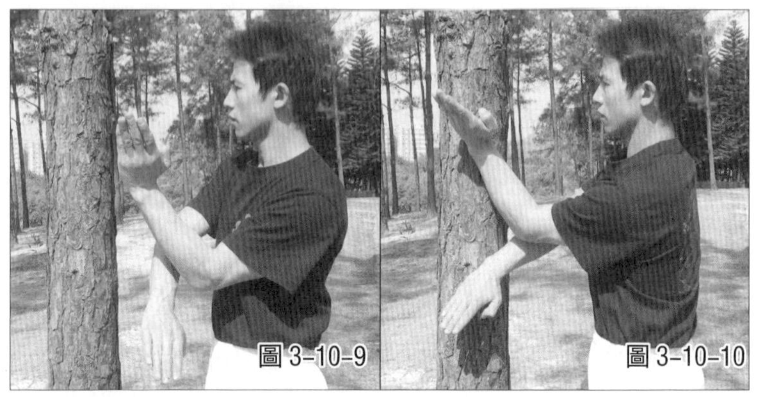

圖 3-10-9　圖 3-10-10

圖 3-10-11

此時是左手心向上，右手心斜向下（圖 3-10-10）。

（圖 3-10-11）為耕攔手擋擊樹木時的另一個角度示範。

【動作要求】

（1）格擊動作不可用蠻力，在擊中樹木的瞬間才收緊肌肉。

（2）格擊動作應在轉動馬步的配合下進行。

（3）要配合呼氣去增強格擊的效果。

【訓練量】

以 10 個動作為 1 組，連續打 6～12 組。練習時，也可先練習右邊 1 組，再練習左邊 1 組，循環進行訓練，以便全面發展。

第三節　詠春拳臂功應用形格擋訓練

本章的前面兩節內容雖也是以「實戰」為最終目的，但卻是偏重於功力訓練。在接下來的訓練中，是真正融功力訓練與實戰訓練於一體。也就是說，施行本節的訓練不但會提高你在實戰狀態下手臂的硬度，更能培訓你的應敵意識，還能把你的快速反應能力訓練出來。

一、內擋（內攤手）練習

多用來輕快地向內側格擋開對方攻向我中線的重擊動作。

(一)右手練習

【動作要領】

以正身馬對敵，兩手置於胸前擺樁，目視敵方（圖 3-11-1）；

當敵方先將其左拳向我面前攻來時（圖 3-11-2）；

我以靜制動，速將右前臂向內側擋向敵方左前臂或腕關節外側，將其攻擊破壞掉（圖 3-11-3）。

圖 3-11-1

圖 3-11-2　圖 3-11-3

圖 3-11-4　圖 3-11-5

圖 3-11-6

（圖 3-11-4～6）為我用右臂向內（左）側格擊敵方攻來的右拳的示範動作。

【動作要求】

1. 格擊敵臂的時機要把握好，不可過早或過晚，因如果過晚，對方已打中你；若格擋過早的話，對方就會

中途改變動作，令你的格擋動作落空。

2. 我格擊動作的力度要恰到好處，不可過大，如用力過大，一旦擋擊落空，必會暴露出更大的空檔給對方，謹記。

3. 仍可配合呼氣去格擊，用來增強格擋的效果。

【訓練量】

每格擊 10 次為 1 組，連續打 8～12 組，組與組之間休息 30 秒鐘至 1 分鐘。

(二)左手練習

【動作要領】

我以正身馬對敵，敵方先用左拳向我面前攻來（圖 3–11–7）；

我可以靜制動，快速將左前臂向內側擋向敵攻來的左前臂或腕關節內側，將敵進攻化解（圖 3–11–8）。

（圖 3–11–9、10）為我用左臂向內（右）側格擊敵攻來的右拳之前臂外側的示範動作。

圖 3–11–7　圖 3–11–8

圖 3-11-9　圖 3-11-10

【動作要求】

1. 我左前臂格擊敵臂的時機要把握好，不可過早或過晚。

2. 我格擊的力度要恰到好處，避免為對方所乘。

3. 配合呼氣去格擊，增強格擋的效果。

【訓練量】

每格擊 10 次為 1 組，連續格擊 8～12 組。練習時，也可先練習右手 1 組，再練左手 1 組，循環進行訓練。

二、攤手練習

主要訓練當對方的重拳打來時可以快速、本能地以攤手擋出。

(一) 右手練習

【動作要領】

我以正身馬對敵，兩手置於胸前擺樁，目視敵方（圖

3-12-1）；

敵先以左拳向我面前攻來（圖 3-12-2）；

我以靜制動，迅速將右前臂向外側用攤手擋向敵攻來的左前臂內側，將其攻擊破壞（圖 3-12-3）。

（圖 3-12-4～6）為我用右臂向右側格擊敵右臂外側的示範動作。

【動作要求】

1. 我右前臂格擊敵臂時的時機要把握好，不可過早或

圖 3-12-1　圖 3-12-2

圖 3-12-3　圖 3-12-4

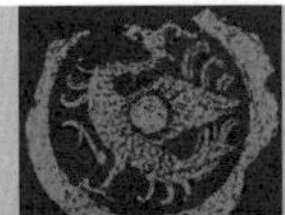

圖 3-12-5　圖 3-12-6

過晚。

2. 格擊的動作幅度不可過大，配合呼氣格擊。

【訓練量】

每格擊 10 次為 1 組，連續打 8～12 組，組與組之間休息 30 秒鐘至 1 分鐘。

(二)左手練習

【動作要領】

我以正身馬對敵，兩手置於胸前擺樁，目視敵方（圖 3-12-7）；

敵先將其左拳向我面前攻來（圖 3-12-8）；

我速將左前臂向左側擋向敵攻來的左前臂外側，將其攻擊化解（圖 3-12-9）。

（圖 3-12-10、11）為我用左臂向左側擋格敵右前臂內側的示範。

【動作要求】

1. 我左前臂格擊敵臂的時機要把握好，不可過早或過

圖 3-12-7　圖 3-12-8

圖 3-12-9　圖 3-12-10

晚。

2. 格擊的動作幅度不可過大，配合呼氣去格擊。

【訓練量】

每格擊 10 次為 1 組，連續格擊 8～12 組。練習時，可先練習右手 1 組，再練習左手 1 組，如此循環進

圖 3-12-11

行訓練。

三、外攔手練習

外攔手也是較為重要的防禦手法，它對前臂骨下側的硬度要求較高，因此應勤加訓練，使之成為犀利的防禦武器。

(一)右手練習

【動作要領】

我以正身馬對敵，兩手置於胸前擺樁，目視敵方（圖 3–13–1）；

當敵先用其左拳向我正面攻來時（圖 3–13–2）；

我迅速將右前臂向外側用外攔手擋向敵攻來的左前臂內側，將其攻擊破壞（圖 3–13–3）。

（圖 3–13–4、5）為我用右臂向右側格擋敵方右臂外側的示範動作。

圖 3-13-1　圖 3-13-2

圖 3-13-3　圖 3-13-4

【動作要求】

1. 我前臂格擊敵臂的時機要把握好，不可過早或過晚。

2. 我前臂格擊敵臂時眼睛要盯緊對方，即不可側面對敵，以免被其另一手打中我的側面太陽穴。

圖 3-13-5

3. 格擊的動作應輕快而有彈性，以保證格擋動作的快速度。

【訓練量】

每格擊 10 次為 1 組，連續打 8～12 組，組與組之間休息 30 秒鐘～1 分鐘。

(二)左手練習

【動作要領】

我以正身馬對敵，兩手置於胸前擺樁，目視敵方（圖

3–13–6）；

當敵先用其左拳向我面前攻來時（圖 3–13–7）；

我快速將左前臂向內（右）側擋向敵攻來的左前臂或腕關節內側，將其攻擊化解（圖 3–13–8）。

（圖 3–13–9）為我用左臂向右側格擊敵右前臂外側的示範動作。

【動作要求】

1. 我左前臂格擊敵臂的動作要輕快、敏捷，有彈性。

圖 3–13–6　圖 3–13–7

圖 3–13–8　圖 3–13–9

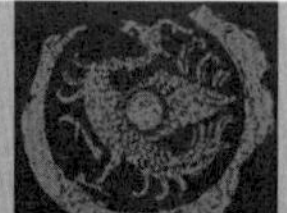

2. 格擊的動作幅度不可過大，以免被其搶先擊中。

3. 配合呼氣去格擊，增強格擋的效果。

【訓練量】

每格擊 10 次為 1 組，連續打 8～12 組。練習時，可以先練習右手 1 組，再練習左手 1 組，循環進行訓練。

四、內攔手練習

內攔手在實戰中雖然運用的不如前面幾種主要防禦手法多，但也是實戰中不可缺少的防護技巧之一。

(一)右手練習

【動作要領】

我以正身馬對敵，兩手置於胸前擺樁，目視敵方（圖 3–14–1）；

敵先用左拳向我面前攻來（圖 3–14–2）；

我迅速將右前臂向內（左）側擋向敵攻來的左前臂外

圖 3–14–1　圖 3–14–2

圖 3-14-3　圖 3-14-4

側，將其攻擊破壞掉（圖 3-14-3）。

（圖 3-14-4）為我用右臂向左側格擊敵右前臂內側的示範動作。

【動作要求】

1. 我右前臂格擊敵臂的時機要把握好，不可過早或過晚。

2. 我格擊動作的力度要恰到好處，同時動作還要輕快、敏捷。

【訓練量】

每格擊 10 次為 1 組，連續格擊 8～12 組，組與組之間休息 30 秒鐘～1 分鐘。

(二) 左手練習

【動作要領】

我以正身馬對敵，兩手置於胸前擺樁，目視敵方（圖 3-14-5）；

當敵先用其左拳向我面前攻來時（圖 3-14-6）；

圖 3-14-5　圖 3-14-6

圖 3-14-7　圖 3-14-8

我可後發先至，快速將左前臂向內（右）側擋向敵攻來的左前臂或腕關節內側，將敵攻擊消解掉（圖 3-14-7）。

（圖 3-14-8）為我用左前臂上側向右側格擊敵攻來的右前臂外側的示範動作。

【動作要求】

1. 我左前臂格擊敵臂的時機要把握好，不可過早或過晚。

2. 我前臂格擊的動作要輕脆、直接，不可拖泥帶水。

3. 格擊動作幅度不可過大，並須配合呼氣去格擊。

【訓練量】

每格擊 10 次為 1 組，連續格擊 8～12 組。練習時，也可以先練習右手 1 組，再練習左手 1 組，循環進行訓練。

五、耕手練習

耕手是詠春拳中用來防護身體的最佳武器之一，也是用來防禦敵方中位腿擊時不可缺少的重要武器之一，對於這一高效的防護技巧，任何練習者都不可掉以輕心。

(一) 右手練習

【動作要領】

我以正身馬對敵，兩手置於胸前擺樁，目視敵方（圖 3–15–1）；

當敵先將左拳向我中盤攻來時（圖 3–15–2）；

我迅速將右前臂向下、向外側用耕手擋向敵方攻來的左前臂內側，將其攻擊破壞掉（圖 3–15–3）。

（圖 3–15–4）為我用右臂向右側格擊敵打向我身體的右前臂外側的示範動作。

【動作要求】

1. 我右前臂格擊敵臂的時機要把握好，不可過早或過晚。

2. 我格擊的力度要恰到好處，動作要敏捷，而且擋擊後要快速收回，快擋快收。

圖 3-15-1　圖 3-15-2

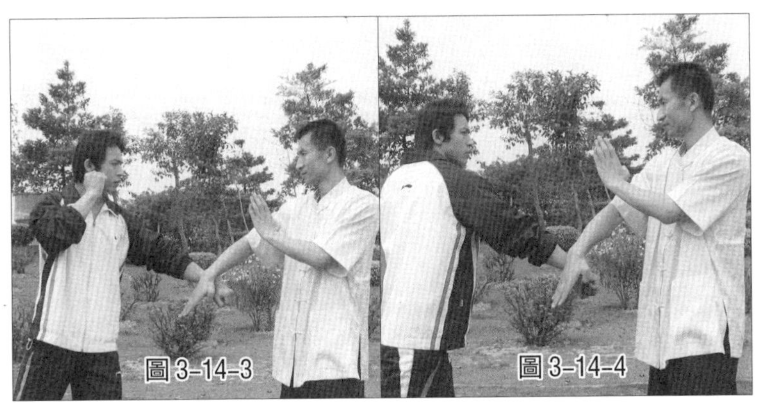
圖 3-14-3　圖 3-14-4

【訓練量】

每格擊 10 次為 1 組，連續格擊 8～12 組，組與組之間休息 30 秒鐘至 1 分鐘。

(二)左手練習

【動作要領】

我以正身馬對敵，兩手置於胸前擺樁，目視敵方（圖 3-15-5）；

圖 3-15-5　圖 3-15-6

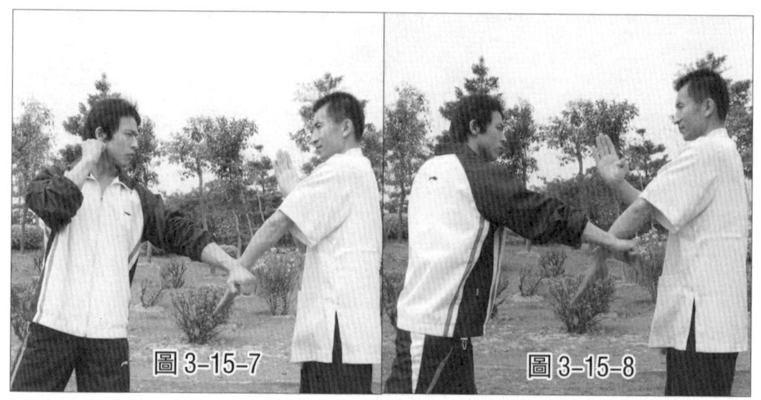

圖 3-15-7　圖 3-15-8

敵先將左拳向我身體攻來（圖 3-15-6）；

我後發先至，快速將左前臂向左、向下側擋向敵攻來的左前臂或腕關節外側，將敵攻擊化解（圖 3-15-7）。

（圖 3-15-8）為我用左前臂向左側格擊敵攻來的右前臂內側的示範動作。

【動作要求】

1. 前臂格擊的動作要輕脆、直接，不可拖泥帶水。

2. 格擊動作的力度要恰到好處，並配合呼氣去格擊。

【訓練量】

每格擊 10 次為 1 組，連續格擊 8～12 組。練習時，可先練習右手 1 組，再練習左手 1 組，循環進行訓練。

六、耕手擋腿練習

由於耕手可用來有效地防禦敵方的腿法攻擊，所以單獨將耕手防禦敵方腿法攻擊的技巧列出來專門進行訓練，以便使你的防護技術更加本能化，更加符合實戰的需要。

(一)右手練習

【動作要領】

我以正身馬對敵，兩手置於胸前擺樁（圖 3-16-1）；

敵搶先用其左正蹬腿向我中盤攻來（圖 3-16-2）；

我把握時機而後發先至，迅速將右前臂向下、向外側擋向敵攻來的左腿內側，將其攻擊破壞（圖 3-16-3）。

圖 3-16-1　圖 3-16-2

圖 3-16-3　圖 3-16-4

圖 3-16-5　圖 3-16-6

圖 3-16-7

（圖 3-16-4～6）為我用右臂向右側格擊敵攻向我身體的右正蹬腿的示範動作，此時我是用右前臂下側去擋擊敵右腿外側的。

（圖 3-16-7）為用右臂向右側格擋敵方攻向我身體右側踹腿的示範動作。

【動作要求】

1. 我右前臂格擊敵動作的時機要把握好，不可過早或過晚。

2. 我右前臂在格擊敵方腿部的瞬間須綳緊肌肉，用來增強右臂的抗衝擊力。

3. 配合呼氣去格擊，增強格擋的效果。

【訓練量】

每格擊 10 次為 1 組，連續格擊 8～12 組，組與組之間休息 30 秒鐘～1 分鐘。

(二)左手練習

【動作要領】

我以正身馬對敵，兩手置於胸前擺樁（圖 3–16–8）；

敵搶先用左正蹬腿向我中盤攻來（圖 3–16–9）；

我把握住時機，迅速將左前臂向下、向左側擋向敵攻來的左腿外側，將其攻擊破壞掉（圖 3–16–10）。

圖 3–16–8　圖 3–16–9

圖 3-16-10　圖 3-16-11

圖 3-16-12　圖 3-16-13

（圖 3-16-11、12）為我用左前臂向左側格擊敵攻來的右正蹬腿內側的示範動作，從而將敵方的腿擊動作破壞掉。

（圖 3-16-13）為我用左臂向左側格擊敵方攻向我方身體的左側踹腿的示範動作。

【動作要求】

1. 左前臂格擊敵動作的時機要把握好，不可過早或過晚。

2. 我左前臂在格擊敵腿部的瞬間須繃緊肌肉，用來增強左臂的抗衡擊力，並配合呼氣去格擊，用來增強格擋效果。

【訓練量】

每格擊 10 次為 1 組，連續格擊 8～12 組。練習時，可先練習右手 1 組，再練習左手 1 組，循環進行訓練。

七、耕攔手擋腿練習

當今世界流行的武道有空手道、跆拳道、散打與泰拳等，這些武道最顯著的特點就是特別擅長於運用弧線型的橫掃腿，這種腿法雖然速度略慢一些，但殺傷力卻很大。在詠春拳中就有一種專門用來防禦這種弧線型重腿法的有效武器，那就是耕攔手。

運用這種防禦技術來格擋重型橫掃腿法雖然有效，但卻對手臂的硬度提出了較高的要求。我們由前面兩節內容的訓練，已使手臂具備了一定的硬度，在這裏則是手臂硬度與實戰技術同時進行練習，從而使訓練與實戰能有一個更完美的結合。

圖 3-17-1

(一)左側練習

【動作要領】

我以正身馬對敵，兩手置於胸前擺樁（圖 3-17-1）；

圖 3-17-2　圖 3-17-3

圖 3-17-4

敵搶先用右橫掃腿向我身體中部攻來（圖 3-17-2）；

我把握住最佳時機，迅速將兩前臂向左側擋出，這時我是右前臂在上、左前臂在下並同時向左側擋出的（圖 3-17-3）；

即以兩前臂交叉形成的臂刀（亦即「剪刀口」）去主動格擋對方的小腿正面，封住其攻擊（圖 3-17-4）。

【動作要求】

1. 我雙臂向左側格擋時須與呼氣配合。

2. 在雙臂擋中敵腿的瞬間才收緊肌肉，將力發出。

3. 我須主動去格擋，而非被動地放在原地去等對方來踢擊。

4. 練習時要逐漸增加格擊的力度。

【訓練量】

每格擊 1 次為一個完整的動作，可以 10 個動作為 1 組，連續格擊 6～12 組。

(二)右側練習

【動作要領】

我以正身馬對敵，兩手置於胸前擺樁（圖 3–17–5）；

當敵搶先用其左橫掃腿向我方身體中部攻來時（圖 3–17–6）；

我沉住氣並把握最佳時機，迅速將兩前臂向右側擋出，這時我是左前臂在上、右前臂在下同時向右側擋出的（圖 3–17–7）；

圖 3–17–5

圖 3–17–6　圖 3–17–7

圖 3-17-8

即以兩前臂交叉形成的剪刀口主動格擋對方的小腿正面，封住其攻擊（圖 3-17-8）。

【動作要求】

1. 我格擊時須與呼氣進行配合。

2. 在雙臂擋中敵腿的瞬間才收緊肌肉，將力發出。

3. 須用雙前臂去主動地格擋。

【訓練量】

每格擊 10 次為 1 組，連續格擊 8～12 組。練習時，可先練習右手 1 組，再練習左手 1 組，循環進行訓練。

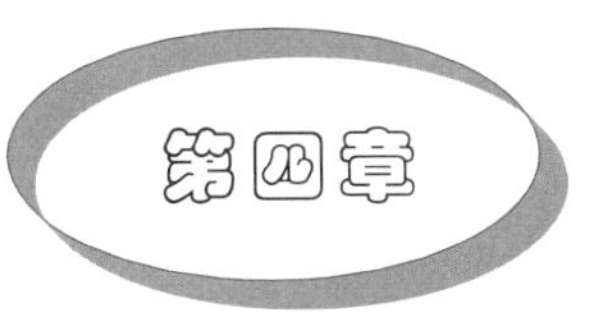

詠春拳藤圈手訓練

藤圈手練習是詠春拳中一種獨特的訓練方法，基本上屬於詠春拳特有的訓練技巧。這種訓練手段的特點是簡單而易操作，並不受練習者年齡與練習場地的限制，只要你準備好一個藤圈後，你就可以開始循序漸進地訓練了。根據前輩們的心得體會，利用藤圈進行訓練的效果可具體體現在以下幾個方面。

1. 可用來鍛鍊兩手協調一致的做動作的習慣和意識，其中也包括攻守合一的訓練；

2. 練習埋肘，即練習如何使兩肘部歸中。如果肘部不能歸中，就偏離了詠春拳的練習要旨，這一點極為重要。

3. 在練習攻守同步的基礎上，用來防禦的手法不致於因動作幅度過大，而遭致對方乘虛而入的打擊。因為在訓練中，你的雙手無論怎樣做動作都不會、也不可能超出藤圈的範圍，換言之是以藤圈來約束你的動作。

4. 它與進行木人樁練習一樣，都可用來彌補沒有同伴練習時的缺陷，因為當你沒有練習對手時，由藤圈訓練也可以用來找到感覺。

5. 可用來練習手臂的靈活性。

藤圈在詠春拳的訓練體系中起的作用雖大，只是由於筆者所知有限，故而僅能將自己所知的內容寫出來，以拋磚引玉。

一、入　圈

這是練習如何將兩手伸入圈內的動作，是入門基本功。

(一)開　馬

立正站好，右手在身體右側握住藤圈（圖 4–1–1）；

接下來，將兩膝關節向前屈曲（圖 4–1–2）；

再將兩前腳掌向兩側展開（圖 4–1–3）；

隨後，兩腳後跟再向兩側展開，完成二字箝羊馬的動作（圖 4–1–4）；

右手將藤圈移至胸前，從而使兩手分別握住藤圈的兩側（圖 4–1–5）。

圖 4–1–1

圖 4–1–2

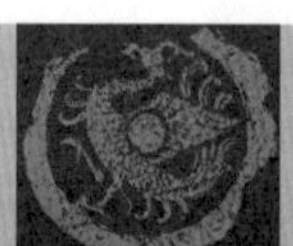

圖 4-1-3

圖 4-1-4

圖 4-1-5

圖 4-1-5-1

（圖 4-1-5-1）所示範的為兩手伸開並分別握住藤圈的方法。

【動作要求】

1. 身體須放鬆而自然地去做動作。

2. 上體須保持正直。

(二)兩手向內側入圈

【動作要領】

我以二字箝羊馬站好，兩手輕輕握住藤圈的兩側（圖 4–1–6）；

接下來，將兩手變成掌（圖 4–1–7）；

再將藤圈的下側向胸前方向抬起，同時也將兩手向藤圈的內側彎曲（圖 4–1–8）；

兩手掌繼續向藤圈內側伸出，此時兩手心是斜向上的（圖 4–1–9）；

使兩手的食指、中指、無名指與小指均從藤圈的內側伸出（圖 4–1–10）；

邊將兩手掌向上、向前伸出，邊同時將兩手掌向內

圖4–1–6

圖4–1–7

圖4–1–8

圖 4-1-9

圖 4-1-10
圖 4-1-11

側轉動（圖 4-1-11）；

將兩手掌向內側轉動成兩掌心相對的狀態（圖 4-1-12）；

此時兩手掌基本上是平行的（圖 4-1-13）。

圖 4-1-12

圖 4-1-13

（圖 4-1-14～21）為兩手向內側入圈動作的另一個角度示範。

【動作要求】

1. 手臂放鬆、自然地做動作，一旦動作僵硬就會影響到動作品質。

2. 自然呼吸即可。

圖 4-1-14

圖 4-1-15

圖 4-1-16

圖 4-1-17

圖 4-1-18

圖 4-1-19

圖 4-1-20

圖 4-1-21

(三)兩手下翻入圈

【動作要領】

我以二字箝羊馬站好，兩手分別握住藤圈兩側（圖 4-1-22）；

我將兩手變成掌，並向內側屈曲（圖 4-1-23）；

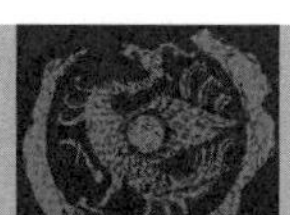

圖 4-1-22

圖 4-1-24

圖 4-1-23

圖 4-1-25

再將藤圈的上側向胸前向壓下來，此時兩手掌心也向下轉動（圖 4-1-24）；

我繼續將胸前的藤圈向前下方壓下去，此時兩手心變為斜向兩側（圖 4-1-25）；

我邊將藤圈向前下方壓下去，邊將兩臂向前下方伸出（圖 4-1-26）；

將兩手分別向上、向外側轉動（圖 4-1-27）；

圖 4-1-26

圖 4-1-27

圖 4-1-28

圖 4-1-30

兩手臂直至向上轉為兩手心相對為止（圖 4-1-28），至此完成整個動作。

（圖 4-1-29～36）為兩手下翻入圈動作的側面示範。

圖 4-1-29

圖4-1-31

圖4-1-33

圖4-1-35

圖4-1-32

圖4-1-34

圖4-1-36

【動作要求】

1. 手臂自然、放鬆、流暢地做動作，不可僵硬和用蠻力。

2. 上體保持正直，自然呼吸即可。

(四) 兩手由側面入圈

【動作要領】

我以二字箝羊馬站好，兩手分別握住藤圈兩側（圖 4-1-37）；

將左手變成掌，並貼住藤圈（圖 4-1-38）；

再將左手掌向藤圈內側移動（圖 4-1-39）；

將左手掌繼續向藤圈內側移動，使左手背貼住藤圈內側（圖 4-1-40）；

圖 4-1-37

圖 4-1-38

圖 4-1-39

圖 4-1-40

圖 4-1-42

圖 4-1-43

圖 4-1-41

隨後，右手掌也向藤圈內側移動，並用右手腕勾住藤圈的後側（圖 4-1-41）；

將兩手向上，掌立起來變成進行防護的立掌狀態，此時左手居前，而右手居後（圖 4-1-42）。

（圖 4-1-43 ～49）為兩手由側面入圈動作的另一個角度示範。

【動作要求】

1. 手臂放鬆、自然地做動作。

2. 上體保持正直，自然呼吸。

圖 4-1-44

圖 4-1-46

圖 4-1-48

圖 4-1-45

圖 4-1-47

圖 4-1-49

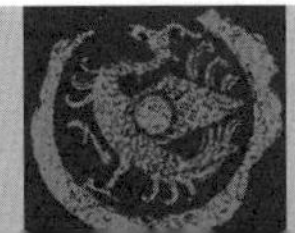

二、攤手沖拳

這是實戰對抗中是常用的手法之一。具體練習時，一手以攤手擋出，另一手則以日字沖拳同步打出，以攻守合一的要訣去付諸實踐。

【動作要領】

我以二字箝羊馬站好，兩手腕背側向外，輕輕抵住藤圈的內側，手指向前自然伸直（圖 4-2-1）；

接下來，右掌握成拳（圖 4-2-2）；

在將左手向外側轉為手心向上的同時，將右拳向正前方打出（圖 4-2-3）；

邊將左掌向左前方攤出的同時，邊將右拳向前方徑直打出（圖 4-2-4）；

右拳是向鼻子的正前方沿中線打出的（圖 4-2-5）；

在右臂向前打直的同時，左手也完成了攤手動作，此

圖 4-2-1

圖 4-2-2

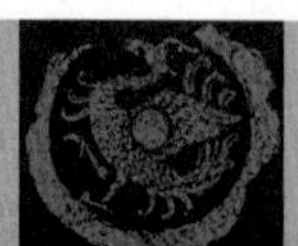

圖4-2-3

圖4-2-5

圖4-2-4

圖4-2-6

圖4-2-7

時須呼氣進行配合（圖4-2-6）；

隨後，將兩臂慢慢向胸前收回（圖4-2-7）；

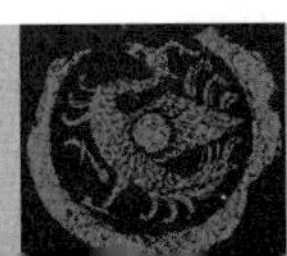

兩手臂向胸前收回的時身體不要動（圖 4–2–8）；

再將右拳也變成掌（圖 4–2–9）；

接下來，在左手握成拳的同時，也將右掌向外側進行翻轉（圖 4–2–10）；

將左拳向正前方打出的同時，也將右掌向右前方攤出（圖 4–2–11）；

將左拳向鼻子的正前沿直線打出（圖 4–2–12）；

左拳是沿中線向前方徑直打出的（圖 4–2–13）；

圖 4-2-8

圖 4-2-10

圖 4-2-9

圖 4-2-11

圖 4-2-12

圖 4-2-14

圖 4-2-13

圖 4-2-15

圖 4-2-16

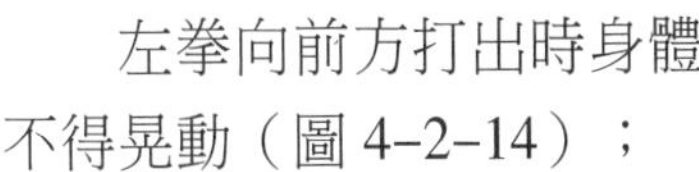

左拳向前方打出時身體不得晃動（圖 4-2-14）；

直至將左拳向前打至臂直狀態為止，此時須呼氣進行配合（圖 4-2-15）。

（圖 4-2-16～30）為攤手沖拳動作的另一個角度示範。

圖4-2-17
圖4-2-19
圖4-2-21

圖4-2-18
圖4-2-20
圖4-2-22

圖4-2-23

圖4-2-25

圖4-2-27

圖4-2-24

圖4-2-26

圖4-2-28

圖4-2-29

圖4-2-31

圖4-2-32

圖4-2-30

（圖 4-2-31～34）為攤手沖拳動作的徒手動作示範。

圖4-2-33

圖 4-2-34

（圖 4-2-35～38）為攤手沖拳動作的實戰搏擊示範，即在用左攤手向左側擋開敵攻來的右拳同時，果斷地將右拳由中線向正前方去重創對方的面部或下巴等正面要害處。

圖 4-2-35

圖 4-2-36

圖 4-2-37

圖 4-2-38

【動作要求】

1. 剛開始練習時用力要輕，重點體會肘部的歸中，以及兩臂的攻守同步。

2. 打出日字沖拳時要自然，要慢慢體會寸勁的運用。

3. 每次將拳打出時須呼氣進行配合。

三、拍手沖拳

這是實戰中最基本、最具有彈性的防禦手法之一，因為它具有快拍快收的特點。即一手以拍手向身體側面擋出，另一手則以日字沖拳同步向前方的目標打出，也就是以攻守合一的要訣去付諸實踐。

【動作要領】

我以二字箝羊馬站好，兩手分別置於藤圈內側（圖4-3-1）；

我將右掌變成拳，此時左掌也已向上抬高（圖4-3-2）；

圖4-3-1

圖4-3-2

將右拳向前打出的同時，也將左掌拍向右側（圖4-3-3）；

右拳輕快地打出（圖4-3-4）；

將右拳向鼻子的正前方沿直線打出（圖4-3-5）；

直至右拳向前打至勁力能充分發放出來為止，此時與呼氣配合，左掌也已立於右肩前進行防護（圖4-3-6）；

隨後，將兩手向胸前開始收回（圖4-3-7）；

圖4-3-3

圖4-3-4

圖4-3-5

圖4-3-6

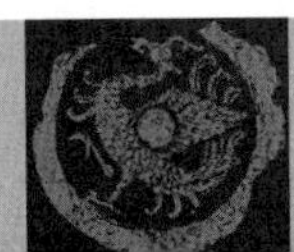

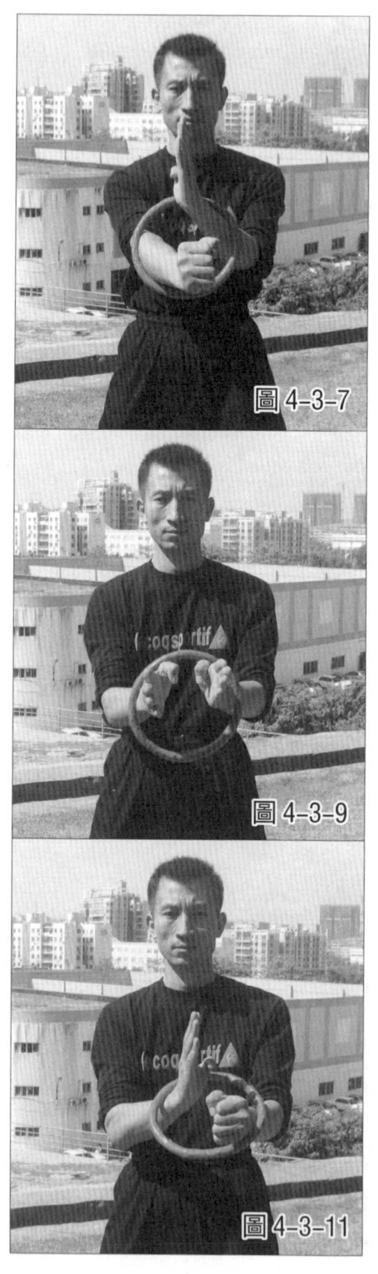

圖 4-3-7
圖 4-3-9
圖 4-3-11

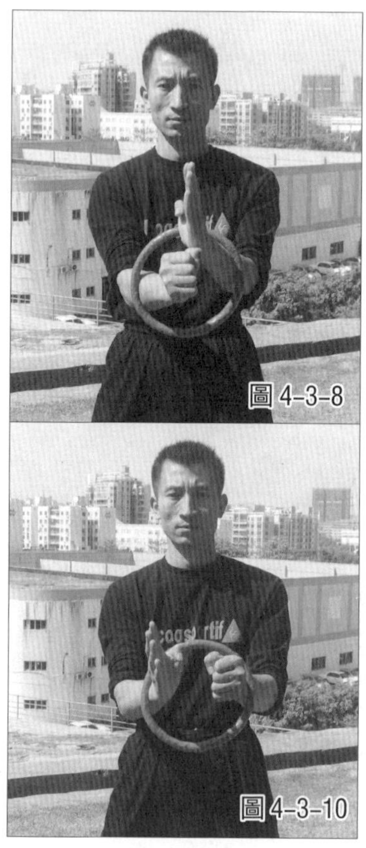

圖 4-3-8
圖 4-3-10

兩臂自然地收回於胸前（圖 4-3-8）；

將右拳也變成掌（圖 4-3-9）；

接下來，再將左掌則變成拳（圖 4-3-10）；

邊將左拳向前方打出，邊將右掌同步向左側拍出（圖4-3-11）；

將左拳向鼻子的正前方沿直線打出（圖4-3-12）；

在出拳時與呼氣配合（圖4-3-13）；

在出拳時身體不要晃動（圖4-3-14）；

直至左拳向前方打至勁力能充分發放出來為止，此時右掌也已立於左肩前進行防護（圖4-3-15）。

可以反覆進行上述訓練。

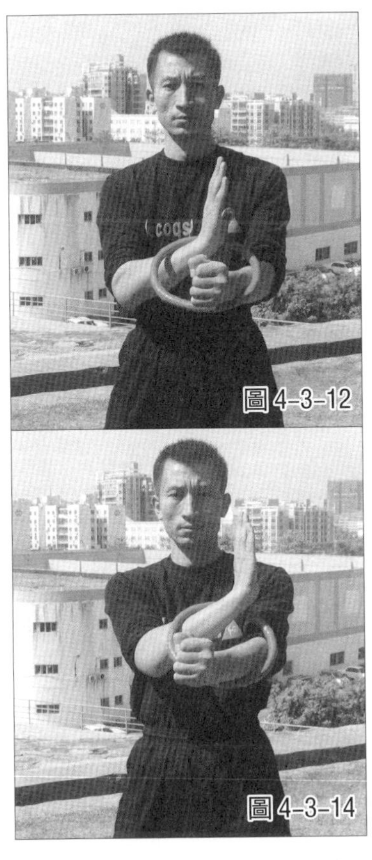

圖4-3-12

圖4-3-14

圖4-3-13

圖4-3-15

（圖 4-3-16～31）為拍手沖拳動作的另一個角度示範。

圖 4-3-16

圖 4-3-17

圖 4-3-18

圖 4-3-19

圖 4-3-20

圖 4-3-22

圖 4-3-24

圖 4-3-21

圖 4-3-23

圖 4-3-25

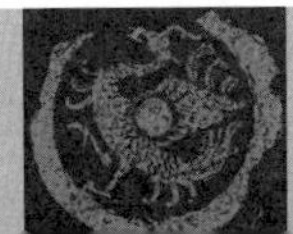

圖4-3-26

圖4-3-28

圖4-3-30

圖4-3-27

圖4-3-29

圖4-3-31

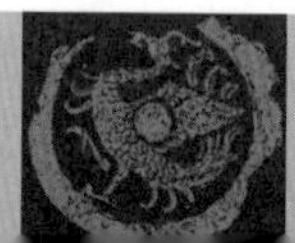

（圖 4-3-32～35）為拍手沖拳動作的徒手練習示範。

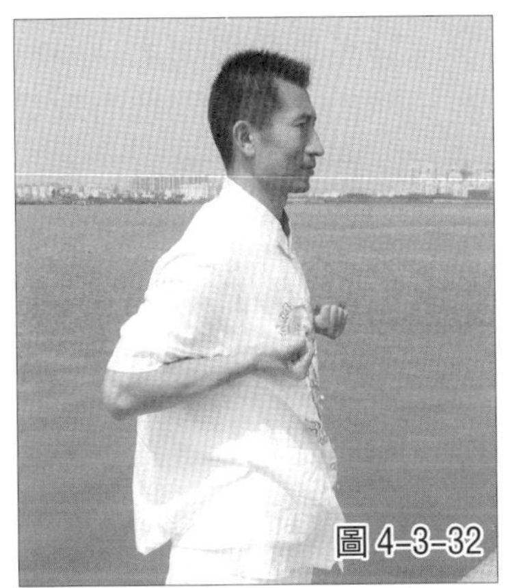

圖 4-3-32

圖 4-3-33

圖 4-3-34

圖 4-3-35

圖 4-3-36

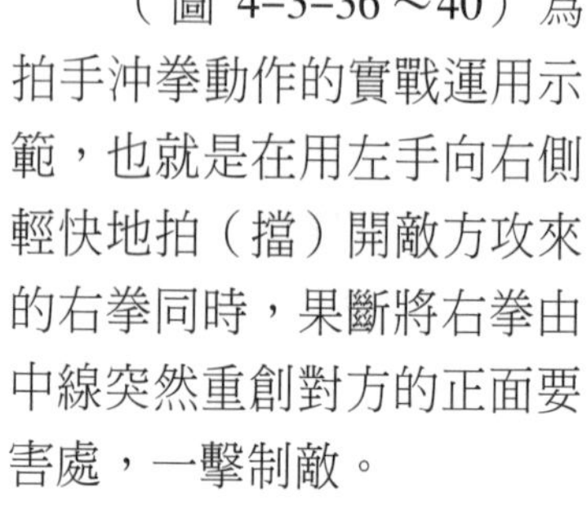

（圖 4-3-36～40）為拍手沖拳動作的實戰運用示範，也就是在用左手向右側輕快地拍（擋）開敵方攻來的右拳同時，果斷將右拳由中線突然重創對方的正面要害處，一擊制敵。

圖 4-3-37

圖 4-3-38

圖 4-3-40

圖 4-3-39

【動作要求】

1. 要不斷體會肘部的歸中，以及兩臂的攻守同步。
2. 拍出的手用力要輕，它是用來輔助另一拳動作的。
3. 每次將拳打出時與呼氣配合。

四、耕手沖拳

這是詠春拳中最根本的實用手法之一。即練習一手向下（外側）擋出的同時，另一手以日字沖拳同步向前打出，以攻守合一的要訣去實踐。此手法在防禦來自中、下盤的攻擊等方面的作用是其他防禦手法所無法替代的。

【動作要領】

我以二字箝羊馬站好，兩手分別置於藤圈的內側（圖4-4-1）；

接下來，將右掌變成拳（圖 4-4-2）；

圖4-4-1

圖4-4-2

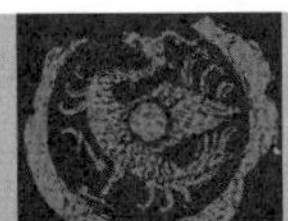

在將右拳是向前打出時，將左掌心向下轉動（圖4-4-3）；

在將右拳沿中線向前打出時，也將左掌向左下側擋出（圖4-4-4）；

我的右拳是向鼻子正前方打出的（圖4-4-5）；

直至將右沖拳向前打至勁力發放出來為止，此時與呼氣配合，而左掌也剛好擋護於身體的左下側（圖4-4-6）；

圖4-4-3

圖4-4-4

圖4-4-5

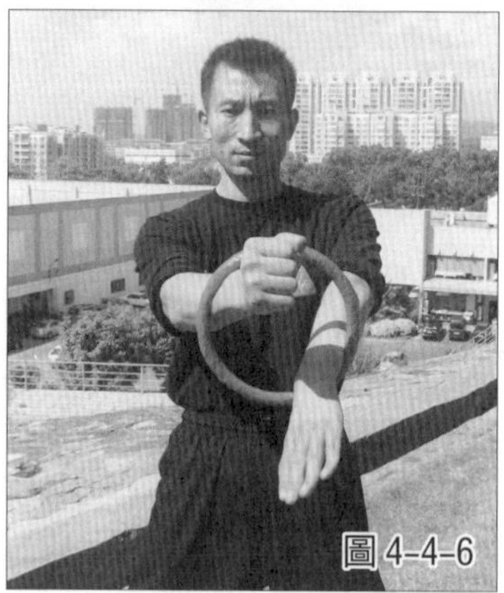
圖4-4-6

隨後，將雙臂開始向胸前收回（圖 4–4–7）；
將兩臂收回於胸前（圖 4–4–8）；
此時右拳已變成掌，兩掌心相對（圖 4–4–9）；
再將左掌變成拳（圖 4–4–10）；

圖 4–4–7

圖 4–4–8

圖 4–4–9

圖 4–4–10

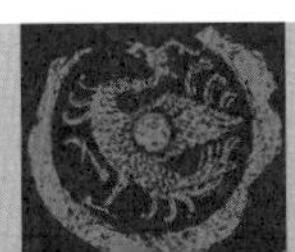

將左拳向正前方打出，同時也將右手向下方轉動（圖 4-4-11）；

將左拳向前方徑直打出的同時，右手也向右下側擋出（圖 4-4-12）；

我是左、右手同步做動作的（圖 4-4-13）；

打左拳時須與呼氣配合（圖 4-4-14）；

直至將左拳向前方打至勁力發放出來為止，此時右掌

圖4-4-11

圖4-4-12

圖4-4-13

圖4-4-14

也剛好擋護於身體的右下側（圖 4-4-15）。

可以反覆進行上述訓練。

（圖 4-4-16～29）為耕手沖拳動作的另一個角度示範，手臂自然地做動作，不可僵硬。

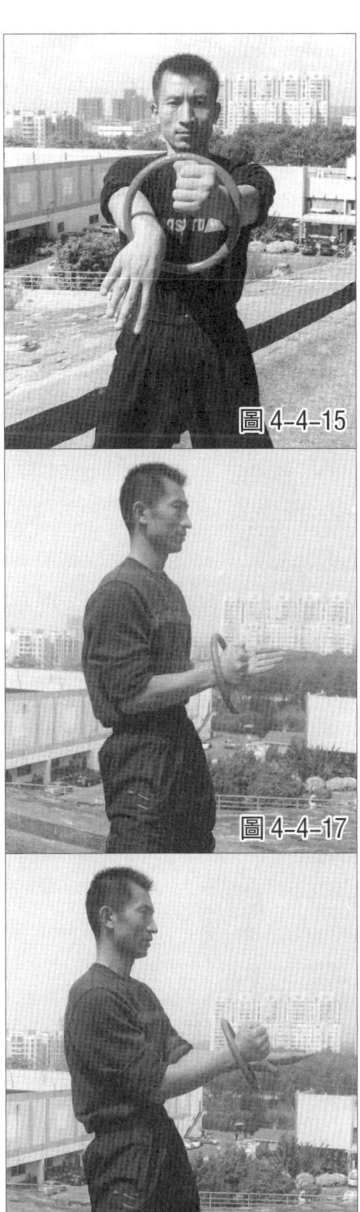

圖 4-4-15

圖 4-4-17

圖 4-4-19

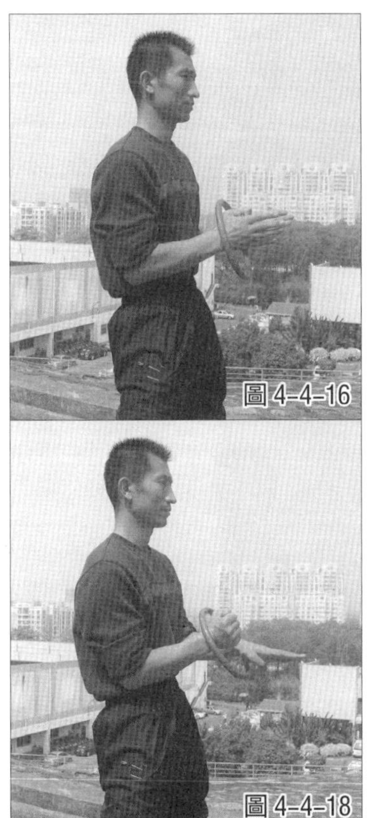

圖 4-4-16

圖 4-4-18

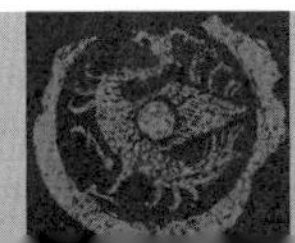

圖 4-4-20
圖 4-4-22
圖 4-4-24

圖 4-4-21
圖 4-4-23
圖 4-4-25

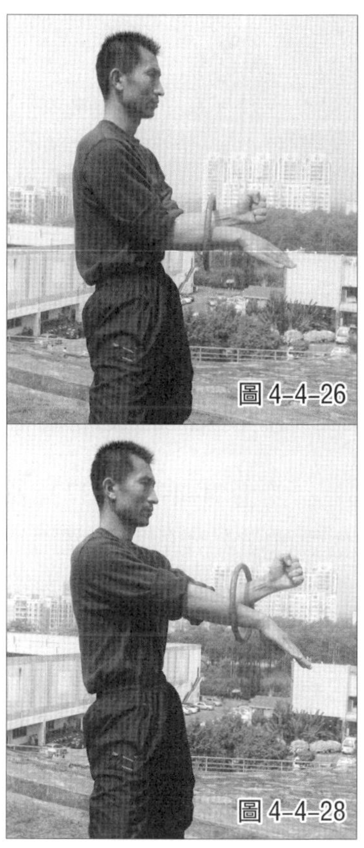
圖 4-4-26
圖 4-4-28

圖 4-4-27
圖 4-4-29
圖 4-4-30

（圖 4-4-30～33）為耕手沖拳動作的徒手練習示範。

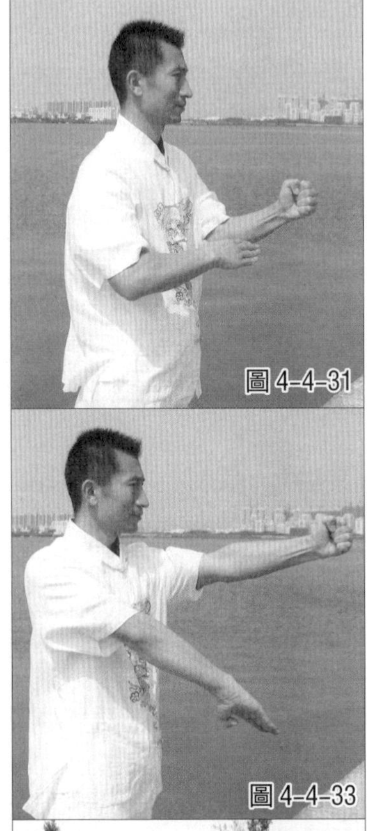

圖 4-4-31

圖 4-4-33

圖 4-4-32

（圖 4-4-34～37）為耕手沖拳動作的實戰運用示範，也就是在用左手向左下側擋開敵方攻擊的同時，果斷將右拳由中線去突然重創對方的面部要害處，一擊制敵。

圖 4-4-34

圖 4-4-35

圖 4-4-36

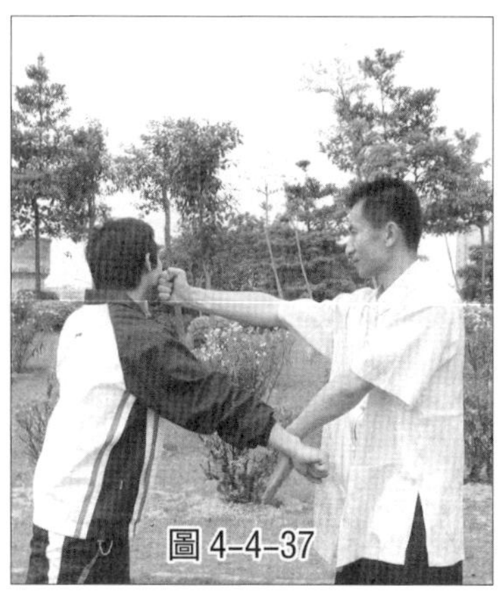

圖 4-4-37

【動作要求】

1. 耕手向下側（外側）擋出時，肘部不可伸得過直，即在動作完成後須保持肘部略微彎曲的狀態。

2. 注意體會兩臂的攻守同步要領。

3. 每次將拳打出時須與呼氣配合。

五、攔手沖拳

在實戰中，攔手主要用來向外側擋開對方攻向我上盤的動作，將敵方的攻勢消解於身體外側，因此對保護頭部的安全極為重要。

【動作要領】

我以二字箝羊馬站好，兩手分別置於藤圈內側（圖 4-5-1）；

接下來，在將右掌變成拳的同時，將左掌也向上抬起（圖 4-5-2）；

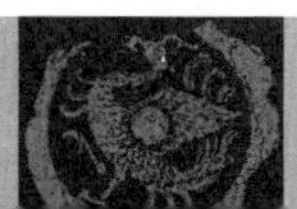

圖 4-5-1

圖 4-5-2

在將右拳沿直線向前方打出的瞬間，也將左掌向左側擋出，此時左手轉為手心朝向前下方的狀態（圖 4-5-3）；

將右拳向鼻子的正前方徑直打出（圖 4-5-4）；

圖 4-5-3

圖 4-5-4

直至右拳向前方打至勁力釋放出來為止，此時須與呼氣配合，左掌也剛好擋護於面部的左前方（圖 4–5–5）；

隨後，將兩臂向胸前開始收回（圖 4–5–6）；

將兩臂收回於胸前位置（圖 4–5–7）；

使兩掌相對，分別抵住藤圈的內側（圖 4–5–8）；

圖 4–5–5

圖 4–5–6

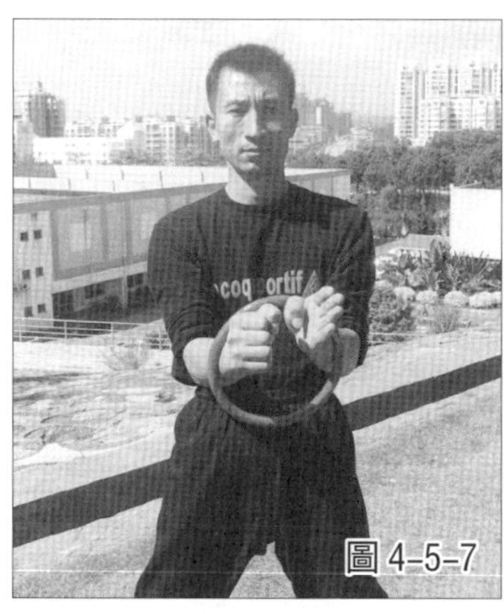

圖 4–5–7

圖 4–5–8

再將左掌變成拳（圖 4–5–9）；

將左拳向正前方沿中線打出（圖 4–5–10）；

同時也將右手向右外側擋出（圖 4–5–11）；

將左拳向前方徑直打出的同時，須與呼氣配合（圖 4–5–12）；

直至將左拳向前方打至勁力釋放出來為止，此時右掌

圖 4–5–9

圖 4–5–10

圖 4–5–11

圖 4–5–12

也剛好擋護於面部右前方（圖 4-5-13）。

可以反覆進行上述訓練。

（圖 4-5-14～25）為攔手沖拳動作的另一個角度示範。

圖 4-5-13

圖 4-5-15

圖 4-5-17

圖 4-5-14

圖 4-5-16

圖 4-5-18
圖 4-5-20
圖 4-5-22

圖 4-5-19
圖 4-5-21
圖 4-5-23

圖 4-5-24

圖 4-5-25

（圖 4-5-26～29）為攔手沖拳動作的徒手練習示範。

圖 4-5-26

圖 4-5-27

圖 4-5-28

圖 4-5-29

圖 4-5-31

圖 4-5-30

圖 4-5-32

（圖 4-5-30～34）為攔手沖拳動作的實戰運用示範，即在用左手向左側擋開敵方攻來的右拳同時，立即將右拳沿中線突然去打擊對方的面部要害處，制敵於瞬間。

【動作要求】

1. 攔手通常是向外側擋擊敵方攻來的手臂內側，因此動作須輕快、直接。

2. 重點體會兩臂的攻守同步。

3. 每次將拳打出時須與呼氣配合。

圖 4-5-33

圖 4-5-34

六、轉　圈

這是詠春拳中用來練習手法的靈活性、攻擊頻率與提高攻擊速度的最佳訓練手段之一。我們平時按照前面幾本書所講的連環沖拳等技巧進行練習時，雖然也可以提高攻擊速度，但是缺乏訓練器械的引導與輔助，因此在速度提高到一定程度後就較難再提高了，而借助藤圈這種獨特的訓練技巧，就可使你的連環攻擊速度再提高很多。

這是一種極為簡單的練習方法，首先是兩手置於圈內，並輕貼住圈的內側，然後兩手成圓形向前或向後進行快速運動。具體練習時，基本上可分為向前轉圈與向後轉圈兩類，現分別詳解如下。

(一)向前轉圈

【動作要領】

以二字箝羊馬站好，此時左掌在藤圈前側，右掌在

後，兩手一前一後來護住人體中線，藤圈是縱向放置的（圖 4–6–1）；

接下來，將左掌貼住藤圈向前下方轉動，右掌貼住圈向上、向前方移動（圖 4–6–2）；

繼續將左掌向前下方轉動（圖 4–6–3）；

右掌則慢慢向上方移動至上方，並再向前移動（圖 4–6–4）；

將右掌轉動至前方，左掌則向下、向後方移動（圖 4–6–5）；

再將右掌繼續向前方移動（圖 4–6–6）；

直至將右掌從上側移動到藤圈的前方，此時左手位於藤圈的後方（圖 4–6–7）；

將右掌向前下方移動，左手則從後方向上方移動（圖 4–6–8）；

圖 4-6-1

圖 4-6-2

圖4-6-3

圖4-6-5

圖4-6-7

圖4-6-4

圖4-6-6

圖4-6-8

再將右掌繼續向前下方移動（圖 4–6–9）；

左手則繼續從上側向前方移動（圖 4–6–10）；

在左手向前移動的同時，右手則繼續從下側向胸前方向移動（圖 4–6–11）；

將兩手分別移動成前、後放置的狀態（圖 4–6–12）；

最後，再分別將兩掌立起來變成左掌在前，右掌在後

圖 4–6–9

圖 4–6–10

圖 4–6–11

圖 4–6–12

的立掌狀態，回復到起勢動作（圖 4–6–13）；即兩手剛好轉了一個圓圈，至此便完成了一個完整的動作。在此，可以試一下用 20 秒鐘能轉多少圈，然後再在練習一個星期後，計算用相同的時間可以轉多少圈，看一下速度提高了多少，並做好記錄。

（圖 4–6–14～24）為向前轉圈動作的側面示範。

圖 4–6–13

圖 4–6–14

圖 4–6–15

圖 4–6–16

圖 4-6-17

圖 4-6-19

圖 4-6-21

圖 4-6-18

圖 4-6-20

圖 4-6-22

圖 4-6-23

圖 4-6-24

【動作要求】

1. 兩手轉圈時身體不要動，因為重點練習的是手臂的靈敏性與速度，因此不需要轉動身體。

2. 兩手須放鬆地進行快速轉動，而且越放鬆則速度就越快。

(二)向後轉圈

【動作要領】

以二字箝羊馬站好，此時左掌在藤圈前側，右掌在後，兩手一前一後來護住人體的中線（圖 4-6-25）；

圖 4-6-25

接下來，將左掌貼住藤圈向後方轉動，而右掌則貼住藤圈向前、向下方移動（圖 4–6–26）；

將左掌貼住藤圈從上側向後方移動，右掌仍繼續向前方移動（圖 4–6–27）；

繼續將右掌從下側向前方移動，左掌則繼續向後方移動（圖 4–6–28）；

仍將右掌向前上方移動，至此形成右掌在前，左掌在後的狀態，與起勢動作剛好相反（圖 4–6–29）；

此時繼續將左掌從後側向下方轉動（圖 4–6–30）；

將右掌從前側向後、向上方轉動，此時左手在藤圈的下方位置（圖 4–6–31）；

再將左掌貼住藤圈由下方向前上方轉動，而右掌則仍繼續向胸前方向移動（圖 4–6–32）；

兩掌變成一前一後的狀態，此時左手在前（圖 4–6–33）；

圖 4–6–26

圖 4–6–27

圖 4-6-28

圖 4-6-30

圖 4-6-32

圖 4-6-29

圖 4-6-31

圖 4-6-33

圖 4-6-34

圖 4-6-35

繼續將右掌向後方轉動（圖 4-6-34）；

將右掌剛好收回到胸前護胸，左掌則立於藤圈的前側，從而回復到最初的起勢動作（圖 4-6-35）；至此便完成了一個完整的旋轉動作。

你可以試一下自己用 20 秒鐘能轉多少圈，然後再在練習一個星期後可以轉多少圈，不斷挑戰自己的極限。

（圖 4-6-36～46）為向後轉圈動作的另一個角度示範。

圖 4-6-36

【動作要求】

1. 兩手臂及肩關節要充分放鬆，因為本練習的目的不是為了鍛鍊力量，而是重點發展速度與靈敏性。

2. 兩手向後轉動時是前手壓住後手進行的，兩手腕

圖4-6-37

圖4-6-39

圖4-6-41

圖4-6-38

圖4-6-40

圖4-6-42

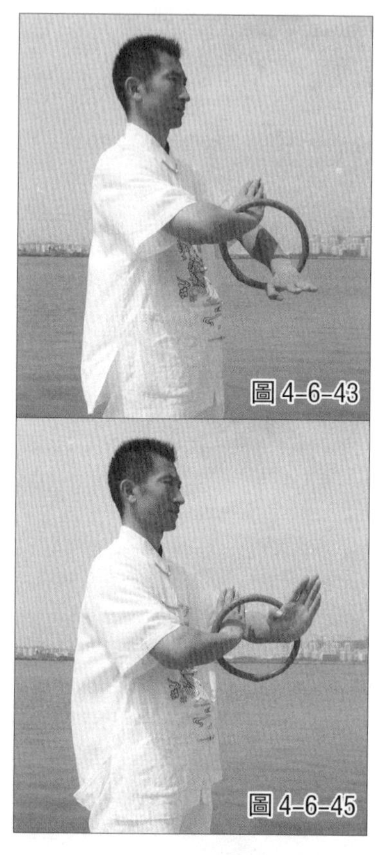

圖4-6-43

圖4-6-45

圖4-6-44

圖4-6-46

關節要充分貼住藤圈進行訓練。

3. 在動作過程中自然呼吸即可。

七、連環冲拳

連環冲拳是詠春拳中最常用的攻擊手法，而且是破壞力最強的連環攻擊方法，其勢如破竹式的連環衝擊常可使對方手忙腳亂而無法抵擋。一個詠春拳好手也必是精於連

環沖拳的好手。

【動作要領】

以二字箝羊馬站好，兩手腕背側向外輕輕抵住藤圈的內側，手指自然伸直（圖 4–7–1）；

接下來，將右掌變成拳（圖 4–7–2）；

將右拳向鼻子的正前方沿直線打出（圖 4–7–3）；

是在右肩不動的情況下，將右拳徑直向前打出的（圖 4–7–4）；

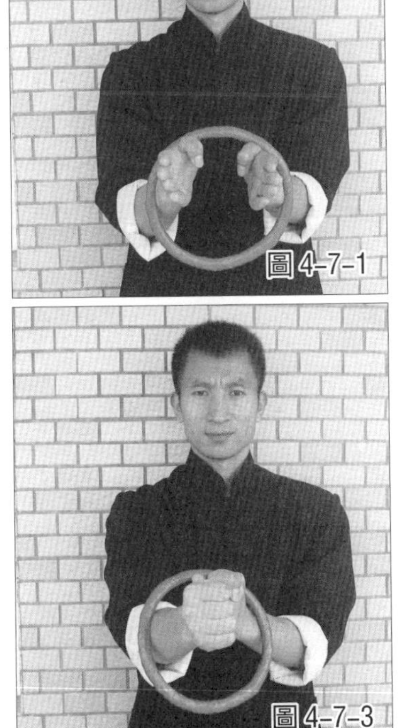

圖 4–7–1

圖 4–7–3

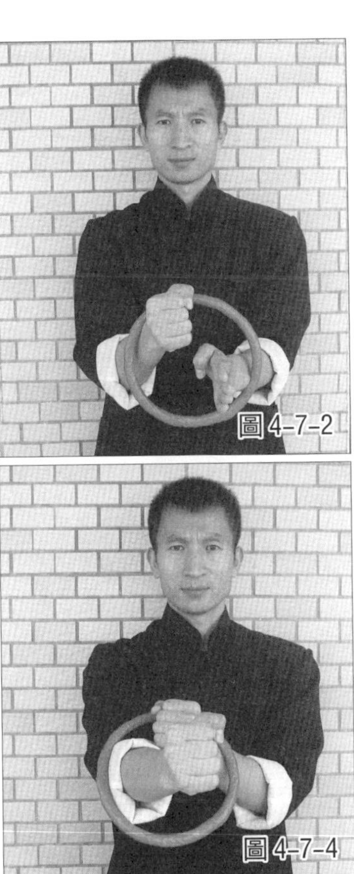

圖 4–7–2

圖 4–7–4

右拳仍須沿中線向前打出（圖 4–7–5）；

直至將右拳打至勁力發放出來為止，此時左拳須屏護於右肘處（圖 4–7–6）；

隨後，在將右拳收回的同時，再將左拳從右拳上側打出（圖 4–7–7）；

將左拳向正前方輕快地打出（圖 4–7–8）；

圖 4–7–5

圖 4–7–6

圖 4–7–7

圖 4–7–8

必須將左拳向前方打至勁力發放出來為止，此時右拳須屏護於左肘處（圖 4–7–9）；

接下來，在將左拳收回的同時，再將右拳從左拳上側打出（圖 4–7–10）；

右拳前打時，須與呼氣配合（圖 4–7–11）；

將右拳沿直線向前方打出（圖 4–7–12）；

圖 4–7–9

圖 4–7–10

圖 4–7–11

圖 4–7–12

圖 4-7-13

直至將右拳向前方打至勁力發放出來為止，此時左拳須屏護於右肘處（圖 4-7-13）。

以上為典型的三拳連擊，在熟練後也可以進行五拳連擊或者是七拳連擊練習。

（圖 4-7-14～25）為三拳連擊動作的另一個角度示範。

【動作要求】

1. 配合呼氣進行出拳打擊配合。

2. 一拳打出時，另一拳須置於肘部進行防護，並養成習慣。

3. 一拳打出後，另一拳須從已打出的手臂上面打出，此為守中用中或攻守搶中線之訣，謹記。

圖 4-7-14

圖 4-7-15

圖 4-7-16

圖 4-7-18

圖 4-7-20

圖 4-7-17

圖 4-7-19

圖 4-7-21

圖 4-7-22

圖 4-7-24

圖 4-7-23

圖 4-7-25

八、連環標指

連環標指是詠春拳中最常用的攻擊手法之一，並且是最狠毒的攻擊方法。鑒於此，詠春拳中便專門有一套以標指技術命名的套路——標指。運用標指進行攻擊的優點是，它的攻擊距離最長，至少可以比拳頭多攻出 10 公分，且多用來攻擊人的咽喉、眼睛等最為脆弱的要害部位，所以一旦命中目標，即會產生決定性的作用。

【動作要領】

以二字箝羊馬站好，兩手腕背側向外輕輕抵住藤圈的內側，手指自然伸直（圖 4–8–1）；

接下來，先將右掌向前上方抬起（圖 4–8–2）；

並在將右掌心變為向下的同時，將右指向鼻子正前方攻出（圖 4–8–3）；

是將右掌沿直線向前方攻出的（圖 4–8–4）；

圖 4–8–1

圖 4–8–2

圖 4–8–3

圖 4–8–4

向前攻出右指時，右肩不要動（圖 4-8-5）；

直至將右指向前方攻至勁力發放出來為止，此時應與呼氣配合，並將左掌屏護於右肘處（圖 4-8-6）；

隨後，在將右指收回的同時，將左指從右前臂下側攻出（圖 4-8-7）；

將左指攻向鼻子的正前方（圖 4-8-8）；

圖 4-8-5

圖 4-8-6

圖 4-8-7

圖 4-8-8

左指向前方攻擊時身體不要晃動（圖 4-8-9）；

直至將左指向前方攻至勁力發放出來為止，此時可與呼氣配合（圖 4-8-10）；

開始將左指回收（圖 4-8-11）；

接下來，再將右指從左前臂下側攻出（圖 4-8-12）；

圖 4-8-9

圖 4-8-10

圖 4-8-11

圖 4-8-12

圖 4-8-13

圖 4-8-14

將右指沿直線向前攻出（圖 4-8-13）；

直至將右指向前方攻至勁力發放出來為止，此時須與呼氣配合，並將左手屏護於右肘處（圖 4-8-14）。

以上為典型的三指連擊，在熟練後也可以進行五指連擊或者是七指連擊練習。

（圖 4-8-15～26）為三指連擊動作的另一個角度示範。

圖 4-8-15

圖 4-8-16

圖 4-8-17

圖 4-8-19

圖 4-8-21

圖 4-8-18

圖 4-8-20

圖 4-8-22

圖 4-8-23
圖 4-8-25

圖 4-8-24
圖 4-8-26

【動作要求】

1. 將手臂向前方攻出時應與呼氣配合。

2. 一手攻出後，另一手須從已打出的手臂下側攻出，並遵守攻守搶中線要訣。

3. 手臂須放鬆而有彈性地攻出，絕不可僵滯。

九、耕攔手

耕攔手多用來防禦對方的腿法重擊，屬於近距離格鬥中抵禦敵方腿擊的最有效武器之一。具體運用此手法時最易犯的錯誤就是因兩肘部不能貼在一起，致使兩手臂不能形成剪刀口的作用，透過藤圈練習可幫助你養成正確的動作習慣。

在具體練習中，耕攔手的訓練技巧有兩種，一種是藤圈橫向格擋練習，另一種是藤圈前後縱向格擋練習，現分別講解如下。

(一)藤圈橫向練習法

【動作要領】

以二字箝羊馬站好，兩手腕背側向外輕輕抵住藤圈的內側，手指自然伸直（圖 4–9–1）；

接下來，將右掌向上抬起，並同時將左掌略向下沉（圖 4–9–2）；

圖 4-9-1

圖 4-9-2

將右掌向左側擋出，左掌已轉為掌心斜向下方（圖 4-9-3）；

將兩肘貼住並向左側擋出，此時身體也要向左側轉動（圖 4-9-4）；

邊將兩前臂向左側擋出，邊同時向左側轉動馬步（圖 4-9-5）；

繼續將兩前臂向左側擋出（圖 4-9-6）；

圖 4-9-3

圖 4-9-4

圖 4-9-5

圖 4-9-6

直至轉動馬步至左側為止（圖 4–9–7）；

隨後，邊將左手向上轉的同時，邊將右掌向前下方轉動（圖 4–9–8）；

同時，開始將身體向可右側轉動（圖 4–9–9）；

右前臂繼續向右下方轉動，此時右手心斜向下方（圖 4–9–10）；

圖 4–9–7

圖 4–9–8

圖 4–9–9

圖 4–9–10

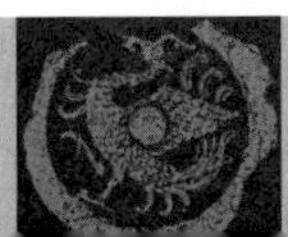

繼續向右側轉動馬步（圖 4–9–11）；

邊將兩前臂向右側擋出，邊同時向右側轉動馬步（圖 4–9–12）；

直至轉馬至右側為止，同時也完成了上肢的耕攔手動作（圖 4–9–13）；

接下來，開始向左側轉動，同時將右手向內側轉動（圖 4–9–14）；

圖 4–9–11

圖 4–9–12

圖 4–9–13

圖 4–9–14

在右手內轉的同時，左手也向下側轉動（圖4-9-15）；

邊向左側轉動馬步，邊將右前臂從身體前面向上伸出（圖4-9-16）；

邊將右前臂向上伸出，同時邊將左手擋向左下側（圖4-9-17）；

繼續向左側轉動馬步（圖4-9-18）；

圖4-9-15

圖4-9-16

圖4-9-17

圖4-9-18

此時，已將右手轉為手心向上並對著面部的狀態，左掌則已轉至手心向下的狀態（圖 4-9-19）；

在上述動作過程中，身體與兩腳一直沒有停止向左側轉動（圖 4-9-20）；

直至向左側格擋至完成耕攔手動作為止（圖 4-9-21）。

（圖 4-9-22～40）為藤圈橫向耕攔手動作的另一角度示範。

圖 4-9-19

圖 4-9-20

圖 4-9-21

圖 4-9-22

圖 4-9-23
圖 4-9-25
圖 4-9-27

圖 4-9-24
圖 4-9-26
圖 4-9-28

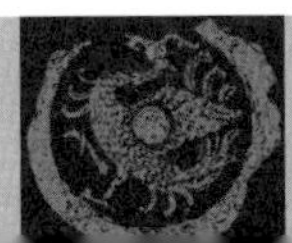

圖 4-9-29

圖 4-9-31

圖 4-9-33

圖 4-9-30

圖 4-9-32

圖 4-9-34

圖 4-9-35

圖 4-9-37

圖 4-9-39

圖 4-9-36

圖 4-9-38

圖 4-9-40

【動作要求】

1. 兩前臂要配合下肢的轉動馬步動作進行格擋練習。

2. 向左側擋出時是右臂在上，左臂在下；而向右側擋出時則是左臂在上，右臂在下。

3. 可在耕攔手做到位時與呼氣進行配合。

(二)藤圈縱向練習法

【動作要領】

以二字箝羊馬站好，兩手一前一後呈立掌狀態，左掌居前，右掌居後（圖 4-9-41）；

接下來，將右掌向上抬起，並向右側轉動（圖 4-9-42）；

圖 4-9-41

圖 4-9-42

在繼續將右掌向上抬起的同時，開始向左側轉動馬步（圖 4–9–43）；

右掌繼續向上抬起（圖 4–9–44）；

邊向左側將兩前臂擋出，邊同時向左側轉動馬步（圖 4–9–45）；

直到向左側完成耕攔手的動作為止（圖 4–9–46）；

圖 4–9–43

圖 4–9–44

圖 4–9–45

圖 4–9–46

隨後，開始將右手向前下方轉動，並將左手向上抬起（圖 4-9-47）；

須同時向右側開始轉動馬步（圖 4-9-48）；

將右手繼續向前下方轉動，左掌則向上抬起（圖 4-9-49）；

將雙臂同時向右側擋出（圖 4-9-50）；

圖 4-9-47

圖 4-9-48

圖 4-9-49

圖 4-9-50

邊將雙臂擋向右側，邊同時將向右側轉動馬步（圖4–9–51）；

直到完成耕攔手的格擋動作為止（圖 4–9–52）；

隨後，再開始將右手向內側轉動（圖 4–9–53）；

須同時向左側開始轉動馬步（圖 4–9–54）；

圖 4–9–51

圖 4–9–52

圖 4–9–53

圖 4–9–54

我方將右掌從胸前向上伸出，左手則同時向前下方轉動（圖 9–55）；

邊向左側轉動馬步，邊同時將雙臂擋向左側（圖 4–9–56）；

此時將重心的大部分落於右腳上去向左側轉動（圖 4–9–57）；

在雙臂繼續向左側擋出時，右掌心是朝向斜上方的，而此時左掌則轉為掌心斜向下方的狀態（圖 4－9–58）；

直到向左側轉動馬步至完成耕攔手的動作為止（圖 4–9–59）。

（圖 4–9–60～79）為藤圈縱向耕攔手動作的另一

圖4-9-55

圖4-9-56

圖4-9-57

角度示範。

【動作要求】

1. 兩前臂要配合下肢的轉馬動作進行格擋練習。

2. 向左側擋出時是右臂在上，左臂在下，向右側擋出時則是左臂在上，右臂在下。

3. 可在耕攔手做到位時與呼氣進行配合。

圖 4-9-58

圖 4-9-59

圖 4-9-60

圖 4-9-61

圖 4-9-62

圖 4-9-64

圖 4-9-66

圖 4-9-63

圖 4-9-65

圖 4-9-67

圖 4-9-68

圖 4-9-70

圖 4-9-72

圖 4-9-69

圖 4-9-71

圖 4-9-73

圖 4-9-74

圖 4-9-76

圖 4-9-78

圖 4-9-75

圖 4-9-77

圖 4-9-79

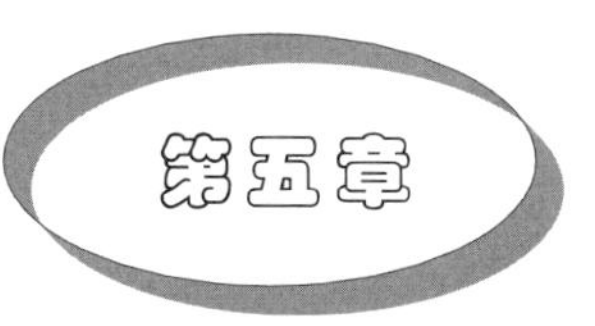

詠春拳腎氣歸元功

詠春拳是一種內外兼修的拳法，它作為一門完整的武道體系，也擁有自己的氣功練習方法。詠春拳正是因為內有心意、氣勁之相合，外有手足之相合，才可產生瞬間的驚人爆炸力。事實上，任何高深的武學或武術流派都是「以意領氣、以氣催力」，並「化拙為巧，剛柔相濟」，才邁入高深境界的。

任何武術流派，如果只是去片面追求勁力的發放，則必會致使肢體與勁力僵滯不活，而且隨著年齡增大也就無法同年輕人相搏了。在這種情況下，詠春拳就做得比較好，強調注重剛柔結合，因為如果專求柔勁的話，會因過柔而無法產生強勁的打擊威力與穿透效果，從而無法戰勝強敵；如若勁力太剛太猛的話則易折，因為若長年累月地只練習與發放剛猛的勁力，會對身體健康無益。

所以練拳必須練功，而且練功又必須練氣，這是中華武術區別於外族武道的一個極為顯著的特點，很多詠春拳前輩雖年愈八旬，卻仍然身手矯健、敏捷。如果練武的人忽略了內在的訓練，必會導致因氣衰而勁力不繼，這種情況下也就難以進行持久戰；也更難以在最短的時間內，或

在最短的距離內發放出詠春拳所特有的爆炸力來。

在詠春拳中之所以要練習腎氣歸元功，是因為「先天真氣為腎，後天真氣為脾」，根據傳統中醫學的理論，人體中先天的真氣，是秉承自父母而得，是人體先天固有的，而後天之真氣則是通過呼吸、鍛鍊與飲食所得來的，但是無論是先天所得的還是後天所得到的，人在日常生活中或在體育鍛鍊中都不可避免地會消耗一部分真氣，這是一個很正常的自然規律。

在這種情況下，人對真氣的消耗越多，人的體質就會相應的弱許多。所以我們在詠春拳的練習過程中，最好是不斷地由氣功練習來補充先天之氣。道理很簡單，詠春拳中剛烈的連環沖拳練習或短促強勁的爆炸力練習，必會損耗一定的內氣與內力，如若長期耗而不補，必會影響到勁力與技術的提升和進步。相反，一個習武得道者，必定會神采奕奕，雙目有神，而充滿自信。

第一節　腎氣歸元功的原理

一、腎的作用

詠春拳極為重視腎在人體中所起的作用，在人體結構中，腎位於腰部，脊柱的兩側處，左右各有一個，因此《素問・脈要精微論》中說「腰者，腎之府」。眾所周知，腎臟有「先天之精」，是臟腑陰陽之根本，生命之源，所以在我國中醫界又稱腎為先天之本。

腎在其生理功能中與呼吸還有較大的關係，或者說是「腎主納氣」。在這裏，「納」有攝取與受納的意思，通常是指腎有攝納肺部所呼吸入的清新空氣的功能，以及防止呼吸過於表淺的作用，也就是由深入的呼吸來保證人體內外氣的正常交換。呼吸是肺部的功能，由肺部所主導，但同時又必須依賴於腎部的攝取與受納作用來進行協助，從而保證氣的有效吸入，進而促進人體裏面氣的交換，完成整個呼吸過程。

如果腎部的納氣功能正常的話，人的呼吸就會顯得均勻與調和；如果腎的納氣功能不正常的話，則腎中的精氣就會不足，隨之，其納氣功能就會減弱許多。

二、以意領氣

腎氣歸元功是以意識與意念對肢體的引導來完成整個動作的訓練，因為意念是用來指揮人的外在動作的，而外在動作又是用來表現意念的，如果沒有意念則難以形成為動作；如果沒有一定的外在動作，則意念又會無所依託。所以，整個腎氣歸元功的練習就是意念與外在動作合而為一，相輔相成的。

腎氣歸元功既然作為氣功中的一種，就必然會涉及到氣，而「氣為血之帥，氣行則血行」，但無論氣怎樣運行，仍是要由意念來引導的，例如「意守丹田」，就是「意念」所為，是用意念將口鼻呼吸之氣引導於丹田中的，這就總結出一個概念「以意領氣」。也就是以意識與意念來引導氣在體內的運行。

第二節　腎氣歸元功的練法

練習詠春拳的腎元歸氣功時，首先要選擇清靜的場所，以便能集中精力地練習，並保證訓練效果。

【動作要領】

圖 5-1-1

1. 早上面對太陽方向自然站立，也可面對樹木站立（圖 5-1-1）；

2. 雙腿略屈膝，此時兩手仍自然下垂，自然呼吸（圖 5-1-2）；

3. 以兩腳後跟為軸，將兩前腳掌向兩側分開（圖 5-1-3）；

圖 5-1-2

圖 5-1-3

4. 接下來，再以兩前腳掌為軸，將兩腳後跟向兩側分開，從而完成詠春拳中的二字箝羊馬動作（圖 5-1-4）；

5. 將兩手離開身體，準備向前方抬起，此時吸氣（圖 5-1-5）；

6. 在身體放鬆的基礎上，將兩手繼續向前方抬起（圖 5-1-6）；

圖 5-1-4

圖 5-1-5

圖 5-1-6

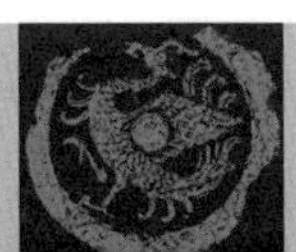

7. 兩手仍向前方抬起，此時兩手心朝向內側（圖 5–1–7）；

8. 兩手由身體兩側慢慢向前方抬起至腹部高度（圖 5–1–8）；

9. 兩手臂仍舊放鬆地向前上方繼續抬起（圖 5–1–9）；

10. 直至將兩手向前上方抬起至胸部高度，此時兩手心相對（圖 5–1–10）；

圖 5–1–7

圖 5–1–8

圖 5–1–9

圖 5–1–10

11. 將兩手邊向前方伸出，邊向內側合在一起（圖5-1-11）；

12. 將兩掌合在一起而慢慢地向正前方伸出，邊向前伸邊吸氣，不可將臂完全伸直（圖 5-1-12），此時剛好把氣吸滿。

13. 保持兩臂向前伸出的狀態不動，但此時兩手掌則須慢慢向內、向下翻轉（圖 5-1-13）；

圖 5-1-11

圖 5-1-12

圖 5-1-13

14. 兩手掌繼續慢慢向內、向下翻轉，而基本上轉至兩手心向下的狀態（圖 5-1-14）；

15. 接下來，將兩手掌慢慢的向身體兩側的方向拉動（圖 5-1-15）；

16. 兩手掌向身體兩側回拉時的動作要輕柔，手指要略張開來動作，並同時配合緩緩地呼氣（圖 5-1-16）；

圖 5-1-14

圖 5-1-15

圖 5-1-16

17. 將兩手掌慢慢的向後方拉至身體兩側（圖5-1-17）；

18. 兩手掌向後方拉動時，身體要放鬆（圖 5-1-18）；

19. 以上過程中，眼睛應看著前方（圖 5-1-19）；

20. 兩手掌從身體兩側經過後再慢慢向腰後方劃動（圖5-1-20）；

圖 5-1-17

圖 5-1-18

圖 5-1-19

圖 5-1-20

21. 將兩手邊後拉邊轉為手心相對的狀態，此時仍須緩緩地呼氣（圖 5-1-21）；

22. 然後，再將兩掌由手心相對的狀態轉為兩手掌朝向後腰的狀態，並慢慢用兩掌按住兩側後腰的腎部，此時仍須緩緩地呼氣（圖 5-1-22）；

23. 將兩手輕輕按住後腰部位先向下按，再輕輕向外側移動，接著再從外側向上移動，然後再由外側向裏移動，從而使兩手剛好可以分別劃一個圓圈（圖 5-1-22）。

24. 隨之，再將兩手掌由後腰部移開（圖 5-1-23）；

圖 5-1-21

圖 5-1-22

圖 5-1-23

25. 將兩掌由身體兩側而向前方抬起（圖 5–1–24）；

26. 兩掌向前上方抬起的過程中應吸氣（圖 5–1–25）；

27. 兩手由身體兩側慢慢向前方抬起至腹部高度（圖 5–1–26）；

28. 直至將兩手向前上方抬起至胸部高度，此時兩手心是相對的（圖 5–1–27）；

圖 5–1–24

圖 5–1–25

圖 5–1–26

圖 5–1–27

29. 將兩手邊向前方伸出，邊向內側合在一起（圖5-1-28）；

30. 將兩掌合在一起慢慢地向正前方伸出，邊向前伸應該繼續吸氣，直至把氣吸滿為止（圖1-29）。至此便完成了一個完整的動作，可循著上述動作過程進行反覆的練習。

圖 5-1-28

圖 5-1-29

（圖 5-2-1～30）為詠春拳氣功的側面動作示範。從圖中可以看到上體始終是保持正直狀態的，而且全身還須保持放鬆和自然站立的狀態，不可繃緊肌肉進行練習，這是氣功練習中的最基要的原則。

圖5-2-1

圖5-2-3

圖5-2-5

圖5-2-2

圖5-2-4

圖5-2-6

圖 5-2-7

圖 5-2-9

圖 5-2-11

圖 5-2-8

圖 5-2-10

圖 5-2-12

圖5-2-13

圖5-2-15

圖5-2-17

圖5-2-14

圖5-2-16

圖5-2-18

圖 5-2-19

圖 5-2-21

圖 5-2-23

圖 5-2-20

圖 5-2-22

圖 5-2-24

圖5-2-25

圖5-2-27

圖5-2-29

圖5-2-26

圖5-2-28

圖5-2-30

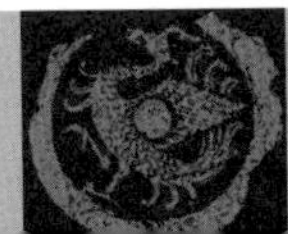

圖5-3-1
圖5-3-2
圖5-3-4

（圖 5-3-1～22）為詠春拳氣功練習的背面動作示範。

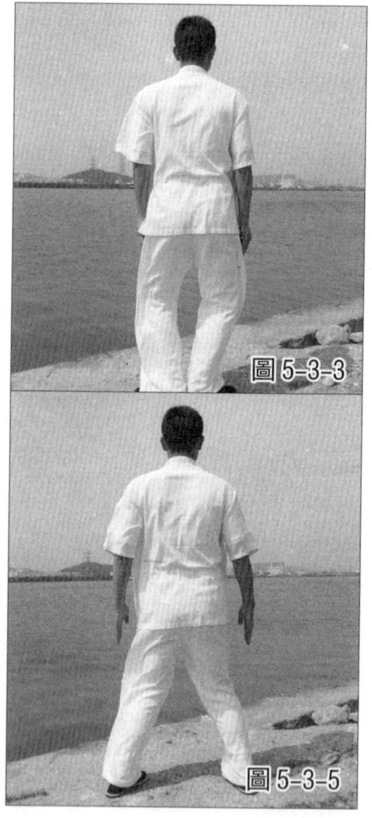
圖5-3-3
圖5-3-5

圖5-3-6
圖5-3-8
圖5-3-10

圖5-3-7
圖5-3-9
圖5-3-11

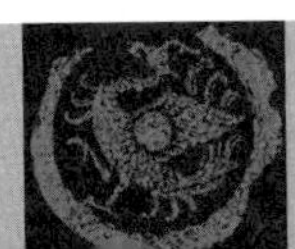

圖5-3-12

圖5-3-14

圖5-3-16

圖5-3-13

圖5-3-15

圖5-3-17

圖5-3-18

圖5-3-20

圖5-3-22

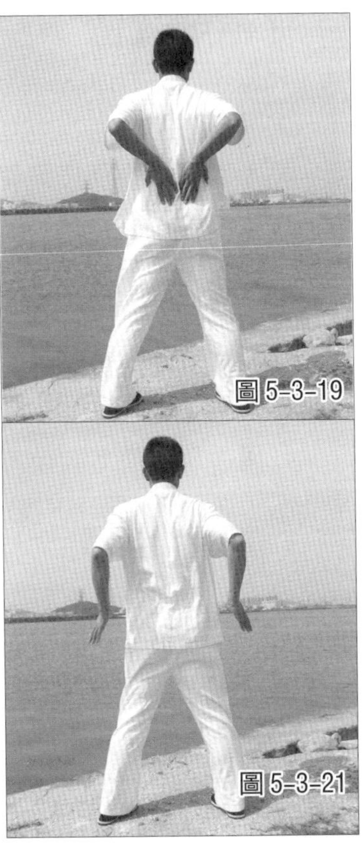

圖5-3-19

圖5-3-21

【動作關鍵】

1. 兩手向前方伸出時慢慢吸氣。

2. 兩手由身體前面並經過兩側慢慢向後方拉回時呼氣，兩手掌在腰後側按摩腎時仍是呼氣，但由於剛開始練習時呼吸可能不夠深長，所以兩掌在腰後側按摩腎部時的次數可少些。接下來，再在兩手掌向前方伸出時吸氣，如此往復循環。

3. 兩手掌由身體前方向後方拉回時，動作要輕柔，不可用僵力。

4. 兩手掌由前方向後方拉回時，意念應集中於兩掌的掌心處，從而使內氣、內勁更易通達於手指處。

5. 兩手掌由前方向後方拉回的動作，在將意念應集中於兩掌心的同時，還須配合十腳趾略微用力抓地的動作，以使重心更加穩固，但在兩手掌由身體後側向前方伸出時則須將腳趾放鬆。

6. 兩手掌由前方向後方拉回時，還須在將意念應集中於兩掌心的同時，配合有收提肛門的動作，因為在氣功中，收肛則有利於勁氣的凝聚，並不使勁氣分散，以及進而達到丹田抱氣的目的，但在兩手掌由身體後側向前方伸出時則須將肛門放鬆。

7. 呼吸要深、要長，切不可做急促的呼吸，這是所有內功練習中的大忌。

8. 練功時儘量穿寬鬆的衣服，而且還要選擇清靜的地方，以避免被人打擾。

9. 練習本功不會出現偏差。

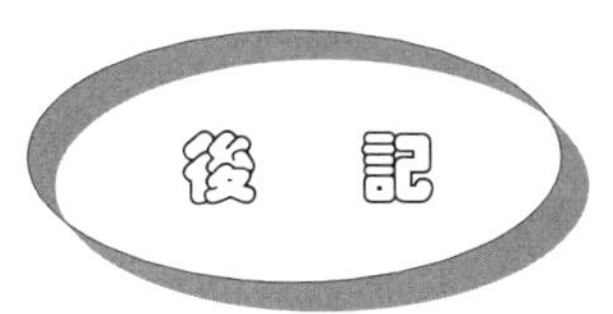

多謝大家的厚愛，詠春拳系列叢書至今已出版了4本，而最初我的本意只是出版一本，結果此類書籍出版後讀者們的喜愛程度大大超過了我的意料，當然這是對我最大的鼓舞與激勵。因此，應廣大愛好者們的要求，我才出版了這本功力訓練專輯，專門用來講述詠春拳中的各種功法及其詳細練法。

由於篇幅所限，關於詠春拳功力訓練中的鴛鴦鐵環練力法（主要練習上肢）、腰功以及用來專門訓練腿功的三星樁（三角樁），只好等以後找機會再來講解了。

在接下來的第5冊《詠春拳六點半棍法》中，則專門講解詠春拳中最高級的內容之一「六點半棍」，其中包括基本功練法、套路練習及實戰運用。如果大家有什麼問題，可以寫信給我，或者直接與出版社聯繫。

作者通信地址：廣東省珠海市拱北郵政信箱208號
郵編：519020（寫信者請附回程郵票，並儘量用電郵）
作者聯絡（培訓）電話：0756—8320283、13232266188
作者郵箱：weijkd@tom.com

國家圖書館出版品預行編目資料

詠春拳高級功力訓練／魏　峰　編著

——初版，——臺北市，大展，2011〔民 100 . 08〕

面；21 公分，——（實用武術技擊；28）

ISBN 978－957－468－825－8（平裝）

1. 拳術　2. 中國

528 . 972　　100011104

詠春拳高級功力訓練

編　　著／魏　　峰

責任編輯／葉　　萊

發 行 人／蔡 森 明

出 版 者／大展出版社有限公司

社　　址／台北市北投區（石牌）致遠一路 2 段 12 巷 1 號

電　　話／（02）28236031・28236033・28233123

傳　　眞／（02）28272069

郵政劃撥／01669551

網　　址／www.dah-jaan.com.tw

E－mail ／service@dah-jaan.com.tw

登 記 證／局版臺業字第 2171 號

承 印 者／傳興印刷有限公司

裝　　訂／建鑫印刷裝訂有限公司

排 版 者／弘益電腦排版有限公司

授 權 者／北京體育大學出版社

初版 1 刷／2011 年（民 100 年）8 月

定　價／300 元

大展好書　好書大展
品嘗好書　冠群可期